法治
通识教程

主　编／姜永红

副主编／周一博　袁愈雄　田申杰　苏新喜

湖南大学出版社
·长沙·

图书在版编目（CIP）数据

法治通识教程／姜永红主编；周一博等副主编.

长沙：湖南大学出版社，2024.8.（2025.8 重印）--ISBN 978-7-5667-3688-8

Ⅰ.D92

中国国家版本馆 CIP 数据核字第 20245W2E07 号

法治通识教程

FAZHI TONGSHI JIAOCHENG

主　　编：姜永红

策划编辑：罗红红

责任编辑：黎　镔　罗红红

印　　装：湖南省众鑫印务有限公司

开　　本：787 mm×1092 mm　1/16　　　印　　张：14.75　　字　　数：298 千字

版　　次：2024 年 8 月第 1 版　　　　　印　　次：2025 年 8 月第 2 次印刷

书　　号：ISBN 978-7-5667-3688-8

定　　价：48.00 元

出 版 人：李文邦

出版发行：湖南大学出版社

社　　址：湖南·长沙·岳麓山　　　　邮　　编：410082

电　　话：0731-88822559（营销部），88821773（编辑室），88821006（出版部）

传　　真：0731-88822264（总编室）

网　　址：http://press.hnu.edu.cn

电子邮箱：492077748@qq.com

　　为了积极推动全社会树立法治意识，党的十八届四中全会通过的《中共中央关于全面推进依法治国若干重大问题的决定》明确提出"把法治教育纳入国民教育体系，从青少年抓起，在中小学设立法治知识课程"的要求。习近平总书记亦高度重视青少年法治教育，并强调"要坚持法治教育从娃娃抓起，把法治教育纳入国民教育体系和精神文明创建内容，由易到难、循序渐进不断增强青少年的规则意识"。党的二十大报告明确提出到 2035 年要"基本建成法治国家、法治政府、法治社会"的总体发展目标。青少年法治教育应立足新时代的历史方位，全面提高青少年法治观念和法律意识，使尊法学法守法用法成为青少年的共同追求和自觉行动。这是全面依法治国、加快建设社会主义法治国家的基础工程，也是在青少年群体中深入开展社会主义核心价值观教育的重要途径。

　　为贯彻落实党的十八大和十八届三中、四中、五中全会精神，推动法治教育纳入国民教育体系，提高法治教育的系统化、科学化水平，2016 年 6 月 28 日，教育部、司法部和全国普法办发布了《关于印发〈青少年法治教育大纲〉的通知》（教政法〔2016〕13号），系统规划和科学安排了法治教育在国民教育体系中的目标定位、原则要求和实施路径。根据《青少年法治教育大纲》的部署，青少年在义务教育阶段、高中教育阶段和高等教育阶段，都应当接受法治教育。其中，在高等教育阶段，《青少年法治教育大纲》明确提出针对非法律专业学生的教学内容与要求，并鼓励学校根据该大纲要求编写法治教育教材。

　　2021 年 6 月，中共中央、国务院转发了《中央宣传部、司法部关于开展法治宣传教育的第八个五年规划（2021—2025 年）》，该规划提出"实行公民终身法治教育制度，把法治教育纳入干部教育体系、国民教育体系、社会教育体系"。2021 年 11 月，教育部发布《全国教育系统开展法治宣传教育的第八个五年规划（2021—2025 年）》，强调切实增强普法的针对性和实效性，应当根据不同岗位和年龄的法治需求，提高普法内容的适用性和实效性。在教育方法方面，应当加大情景模拟、加强案例教学。通过以案释法、案例普法，着力提高课堂教学实效。

为了充分落实学校在青少年法治教育中的主导作用，本教程编写组全面贯彻党的教育方针，落实立德树人根本任务，根据《青少年法治教育大纲》《全国教育系统开展法治宣传教育的第八个五年规划（2021—2025年）》《教育部关于进一步加强高等学校法治工作的意见》《中央宣传部、司法部关于开展法治宣传教育的第八个五年规划（2021—2025年）》等文件要求及精神编写了本教程。

本教程严格按照《青少年法治教育大纲》的教育目标与内容，并根据高等教育阶段普法重点进行编排。针对大中专学生的法治需要，本教程涵盖了法律条文解读、法治案例分析等多种形式，以增强法治教育的针对性。将法学基础知识与高职院校学生生活实际紧密结合，通过"法律知识+案例分析"的方式，以案说法、以案阐理，提高学生运用法律知识分析、解决实际问题的意识和能力。在案例的选择上面，本教程主要依据最高人民法院发布的指导案例和最高人民检察院发布的典型案例等新时代生动鲜活的法治实践，丰富青少年法治教育的教学资源。

本教程由姜永红主编并负责全书策划和书稿审定；周一博、袁愈雄、田申杰和苏新喜任副主编，其中，周一博负责全书统稿协调。本教程具体编写分工如下：

第一章由姜永红、赵若男负责，第二章由袁愈雄、宋书准负责，第三章由苏新喜、盛南负责，第四章由姜永红、杨柳负责，第五章由黄舸、昝晨东负责，第六章由袁愈雄、孙兴豪负责，第七章由李晨、周一博、王嘉贤负责，第八章由姜永红、瞿淞基负责，第九章由苏新喜、李文心负责，第十章由田申杰、任雍昌负责，第十一章由王斌、李欣芮负责，第十二章由田申杰、李奇修负责。

最后，本教程能够得以顺利出版，得益于湖南大学出版社的大力支持和责任编辑的辛勤工作，在此一并深表谢意！

编　者

2024 年 4 月

contents

目录

教学资源

第一章
法与法律

【学习目标】

⚖ 素质目标

- ⊙ 树立"尊法、学法、守法、用法"的法律观
- ⊙ 培养法律思维活动的规范意识

📖 知识目标

- ⊙ 了解"法"的语义变迁
- ⊙ 掌握法的概念、本质、特征和作用
- ⊙ 熟悉法的效力范围、法的效力冲突及其处理原则

📕 能力目标

- ⊙ 能够阐述法的概念体系
- ⊙ 能够明确法律调整的社会关系内容

如果你在学校与同学发生争执，或者在网上购物遇到麻烦，你是否想过应该怎样妥善地解决这些纠纷？其实，这些都离不开一个重要的工具——法律。法律的目的就在于"定分止争"，它是现代社会的主要规范，在组织、控制、调节社会关系中具有重要作用。可以这样说，在现代社会，法律无处不在，它帮助我们确定权利归属、解决纠纷、分配资源、调整社会关系、维持社会秩序……通过对法律的学习，我们可以更好地理解和保护自己的权利，履行自己的义务，从而在日常生活中变得游刃有余。

第一节

法 的 概 述

 "法"与"法律"的语义分析

东汉许慎的《说文解字》记载："灋（fǎ），刑也。平之如水，从水；廌（zhì），所以触不直者；去之，从去。"这表明，法与刑在古代是通用的。基于此，法有两层含义：其一，从水，象征公平；其二，从去，代表裁判。根据史籍记载，"解廌"或作"獬豸（xiè zhì）"，是古代传说中能辨是非曲直的神兽。《论衡·是应》记载："皋陶治狱，其罪疑者，令羊触之，有罪则触，无罪则不触。"据传，夏禹时代，中国司法的始祖皋陶在遇到难以决断的疑难案件时，会用神兽——"解廌"（"獬豸"）协助断案，它生来便能判断是非曲直，如果见到有人争斗，它就会用角撞击无理取闹的人；如果听到有人争执不下，它就会咬挑起争端的人。"解廌"（"獬豸"）在古代作为"法"的化身，经常以图案的形式出现在古代法官的服饰上。

在西方，"法"与"法律"的含义和用法更为复杂。在欧洲大陆的许多国家中，广义的法律（法）与狭义的法律分别用不同的词以示区分。例如，拉丁文中的 jus 和 lex、法文中的 droit 和 loi、德文中的 recht 和 gesetz 等。而且，jus、droit 和 recht 等词语不仅有"法"的意思，还含有权利、公平、正义等内涵。一般而言，法指代永恒、有效的正义和公理，法律指代由国家机关制定和颁布的国体法律，它是法的表现形式。这种法（律）语义的二元结构是西方法律文化中特有的。

在现代汉语中，"法"字本身具有多重意义。从其词性来看，名词意义上的"法"具有方法、规则、准则、标准的意思；从规则意义来看，"法"可以指普遍的规则，包括客观意义的规则和主观意义的规则；从法学研究角度来看，作为研究对象的"法"是指国家的规则。"法律"一词也具备广义和狭义内涵。广义的法律是指由国家制定的全部规范性法律文件，以我国为例，包括宪法、行政法规、地方性法规、部门规章、地方政府规章等；而狭义的法律仅仅是指全国人民代表大会及其常务委员会制定的规范性法律文件，如《中华人民共和国民法典》《中华人民共和国民事诉讼法》《中华人民共和国公司法》《中华人民共和国反垄断法》《中华人民共和国预防未成年人犯罪法》等。

通过对"法"的词源和语义进行梳理和比较，可以看出"法"作为文化符号在中西方文化中的差异以及其自身的历史演化过程，对于我们理解法与法律的内在理念和精神、研究法的基本范畴具有重要意义。

二　法的本质

本质是事物内部存在的根本的、稳定的、必然的联系。法的本质是指法律的各组成要素之间相对稳定的内在联系，对于理解法的本体概念、指导法律实施过程具有重要意义。在社会发展的过程中，中西方对于法的本质的认识产生了许多不同的见解。历史上对于法的本质的认识有：意志说（认为法的本质是统治者的意志）、命令说（认为法的本质是主权者的命令）、规则说（认为法的本质是一套有效的规则体系）、判决说（认为法的本质是法官裁判的产物）、行为说（认为法的本质是对人的行为进行调整与规范的规则体系）等。这些学说大多反映了资产阶级的观点，并受到时代背景的限制。近代以来，在批判继承历史上优秀法学文化遗产的基础上，产生了马克思主义法学。马克思主义法学在马克思主义哲学的

知识链接

马克思主义法学

马克思主义法学是马克思和恩格斯在19世纪40年代创立马克思主义的同时，所创立的无产阶级法学理论和学说，是适应无产阶级的历史使命以及人类社会必然发展到共产主义的客观需要而产生和发展的科学。他们总结了无产阶级革命的历史经验，批判继承了人类历史思想的积极因素，第一次科学地揭示了法的本质和法律现象产生和发展的基本规律，使法学成为真正的科学。

指引下，从法的国家意志性、法的阶级性、法的产生基础的角度对法的本质进行深刻理解。

（一）法是被奉为法律的国家意志

法的产生与国家权力密切相关，法律的形成直接源于国家权力，是国家意志的体现。社会公共意志要经过法定程序上升为国家意志才具有普遍约束力。国家的存在是法律存在的前提条件——法的制定需要国家有权机关严格依照法定权限和法定程序进行；法的实施需要国家强制力作为保障；法的遵守需要人民的内心信服和自觉，而这也需要上升为国家意志后才具有普遍的约束效力。法律作为国家意志的表现形式，与国家意志的其他形式相区别，具有普遍约束力、规范性和强制性等显著特征。

（二）法是统治阶级意志的体现

法反映的是统治阶级的意志。统治阶级的意志由其根本和整体利益决定，但在一定程度上受被统治阶级的影响。换言之，统治阶级在法律的制定过程中，应当考虑被统治阶级承受能力、阶级力量对比和阶级斗争形势等因素的影响。法所体现的是统治阶级的"公意"，而非"众意"。虽然法是由具有最高政治权威的个人发布的，但其反映的并非个人意志，也不是统治阶级内部各成员意志的简单相加，而是统治阶级的整体意志和一般意志。

（三）法的本质由特定社会的物质生活条件决定

法的本质是统治阶级的意志，属于社会意识范畴。根据唯物史观的基本观点，法的本质从根本上是由社会存在所决定的。社会存在是指社会物质生活条件，主要包括自然地理环境、人口因素和物质生产方式。其中，物质生产方式是社会存在和发展的基础和决定力量。伴随生产力和生产关系的变革，法律关系会经历产生、变更和消灭的发展过程。社会物质生活条件的发展和变化推动了法律关系和法律内容的变化，决定着法的本质和发展。

通过对法的本质进行分析，在吸收借鉴国内外法学研究成果的基础上，我国法学界将法定义为：法是由国家制定或认可并由国家强制力保证实施的，反映由特定社会物质生活条件所决定的统治阶级意志或人民意志，以权利和义务为内容，以确认、保护和发展对统治阶级或人民有利的社会关系、社会秩序和社会发展目标为目的的行为规范体系。

随着社会的发展和技术的进步，为实现对于青少年的特殊保护，有效遏制未成年人沉迷网络游戏、过度消费等行为，2021 年 8 月 30 日，国家新闻出版署发布了《国家新闻出版署关于进一步严格管理切实防止未成年人沉迷网络游戏的通知》（国新出发〔2021〕14 号），规定："严格限制向未成年人提供网络游戏服务的时间。自本通知施行之日起，所有网络游戏企业仅可在周五、周六、周日和法定节假日每日 20 时至 21 时向未成年人提供 1 小时网络游戏服务，其他时间均不得以任何形式向未成年人提供网络游戏服务。"2021 年 9 月 14 日，北京市文化市场综合执法总队成功查处北京某信息技术有限公司通过自营的游戏平台违规向未成年人提供网络游戏服务案。总队依法对该公司作出警告、罚款 10 万元，并作出对直接负责的主管人员罚款 1 万元的行政处罚。

分析：从上述法律规范和案例中可以看出，随着经济的发展和技术的进步，关于网络游戏的经营活动也逐渐被纳入了法律的规制范畴。国家通过修订《中华人民共和国未成年人保护法》等法律、制定《国家新闻出版署关于防止未成年人沉迷网络游戏的通知》和《国家新闻出版署关于进一步严格管理切实防止未成年人沉迷网络游戏的通知》等部门规范性文件对网络游戏的经营活动进行合法限制。

三 法的特征

法的特征是法的本质的外在表现，是法区别于其他社会规范的突出表现。社会规范包括法律规范、道德规范、宗教规范、风俗习惯等内容。法律规范作为社会规范的重要内容，对调整社会关系和社会结构具有重要意义。因此，结合法的本质和法的定义，可以将法的基本特征归纳如下。

（一）法是调整社会关系的行为规范

法是一种社会规范，它通过规范人们的行为来实现对于社会关系的调整，是人们行为的标准和模式。法律所规定的行为模式主要包括三种：第一，人们可以如何行为（可为模式）；第二，人们不能如何行为（禁止模式）；第三，人们应当或必须如何行为（应为模式）。法律通过规定上述行为模式，为人们的相互行为和社会活动提供了模式和方向。法作为一种社会规范，与道德、宗教等其他社会规范的区别在于其不会对人们的内心观念、思想活动进行直接调整。但是，这并不意味着法完全不在意行为人的主观心理状态，例如：刑法中的故意过失，民法中的过错等主观要素，都是确定行为人法律责任的重要考量内容。法在形式上具有规范性、一般性、概括性的特征。法的调整对象具有一般性和不特定性。法的适用具有反复性和普遍性。

（二）法是由国家制定或认可、体现国家意志的行为规范

法由国家制定或认可，具有国家意志性，具有高度的统一性和权威性。这是法与其他社会规范的重要区别，也是法最主要的特征。从宏观角度来看，法的统一性是指一个国家原则上只能有一个总的法律体系，且法律体系内部各规范之间不能存在内容或效力方面的矛盾和冲突。从微观角度来看，各个法律规范之间在根本原则上是一致的。制定和认可是国家创制法的两种方式。国家制定的法，是由有权创制法律规范的国家机关通过特定的程序制定的法律规范，有些国家由本国立法机关或立法机关授权的机关制定，有些国家采取"遵循先例"的原则将司法机关的判决确认为判例法。国家认可的法一般意义上是指习惯法。习惯法是国家立法机关或司法机关，根据社会关系的变化和发展需要，赋予社会上既存的某些习惯、教义、礼仪等以法律效力而形成的法律规范，也可能是法官对特殊的地方习惯的认可。例如，我国 1950 年的《中华人民共和国婚姻法》（已失效）第五条规定，除兄弟姐妹外的其他五代内旁系血亲间禁止结婚，这一内容就是对已经存在的习惯的认可。

（三）法是规定社会关系参加者权利和义务的社会规范

法通过规定社会关系参加者的权利义务，影响人们的行为动机，规范人们的社会行为，调整社会关系。这一特征反映了法作用于社会关系的特殊性，即通过规定社会关系参加者权利与义务的形式使法律的一般规定得到具体化，也是法与其他社会规范的又一区别。道德、宗教规定了人对人或人对神明的义务，而法则承认了人们在合理范围内谋求自身利益的正当性。自然规律是一定的条件成就时，必然出现一定的结果，而法规定了人们的权利和义务，意味着条件成就时，人们有选择为或者不为的自由。法以法律规范为主要内容，而法律规范中的行为模式主要以授权、禁止和命令的形式对权利和义务进行规定。法具有权利义务的一致性，权利和义务相辅相成，不可分割。但是，法律并非唯一规定权利义务的社会规范，如公司章程、团体章程、组织行为规范等社会规范也对成员的权利义务进行了规定。

案例 1-2

刘某通过网上报名应征、体格检查和政治考核，入伍前参加了兵役机关组织的役前训练，并签订了《依法服兵役承诺书》。2020年9月，刘某经征兵办公室批准入伍。但刘某在入伍后产生了离开部队的想法，多次表示不能适应部队集体生活，采用多种手段拒服兵役。部队新训营干部、骨干反复多次做其思想工作，耐心劝导，并多次向其讲清拒服兵役的法律法规和相应惩戒，试图改变其错误认识，但刘某仍明确表达自己不愿继续服兵役的坚决态度，并表示愿意承担一切后果。经所在部队党委研究，决定给予刘某除名处理。刘某户籍地的区政府为进一步严肃征兵工作纪律，依据《中华人民共和国兵役法》《征兵工作条例》《解决入伍新兵拒服兵役问题暂行办法》《关于对全省履行兵役义务领域失信主体实施联合惩戒的合作备忘录》等法律法规，经研究决定，对拒服兵役、严重扰乱兵役工作秩序的刘某作出严厉的处罚。

分析：《中华人民共和国宪法》第五十五条规定，"依照法律服兵役和参加民兵组织是中华人民共和国公民的光荣义务"。从上述案例可以看出，依法服兵役是我国公民的义务，不能随意放弃。法律权利和法律义务是法学的基本范畴，是法律关系的基本内容。《中华人民共和国兵役法》第三条规定，"中华人民共和国实行以志愿兵役为主体的志愿兵役与义务兵役相结合的兵役制度"；第四十九条第一款规定，"军人按照国家有关规定，在医疗、金融、交通、参观游览、法律服务、文化体育设施服务、邮政服务等方面享受优待政策"。从以上法律规定可以看出，我国虽然实行义务兵役制，但并非强制征兵，而是在进行兵役登记后结合个人意愿进行征集，同时还要经历严格筛选。当然，法律也并非唯一规定权利义务的社会规范，在公民服兵役的过程中，军队的规章制度等内容也对士兵的权利义务进行了细化规定。因此，我国公民在享有军人抚恤优待权利的同时，也要遵守部队的规章制度，依法服兵役。

（四）法是由国家强制力保证实施的社会规范

法以国家强制力为后盾，由国家强制力保证实施，因而具有国家强制性。任何社会规范都具有强制力，否则将会失去实施的重要保障，但不同社会规范的强制力在程度、范围以及方式方面存在不同。社会道德的实施依赖于人们的自觉遵守，一旦违反就可能受到内心良知、社会舆论的抨击和谴责；社会团体规范的贯彻需要社会团体成员的共同遵守，一旦违反可能受到纪律的处分或被驱逐出社会团体。而对于违法犯罪行为，仅凭任何个人力量或社会舆论，很难发挥出法的规范作用和强制作用，无法对违法犯罪行为进行有威慑力的制裁。国家强制力是法的保障，对违法犯罪行为的制裁主要依靠军队、警察、监狱等国家武装力量和暴力机关完成。但法具有国家强制性并非意味着法律规范的实施都是依靠国家强制力作为保障，也不意味着国家强制力是法实施的唯一保障力量，国家强制力的运用程度实际上取决于法律规范反映社会上大多数人的利益与意愿的程度，也取决于人们认识自己利益的程度。国家强制力是法的实施的终极保障手段。

案例 1-3

　　2014 年 7 月，高某欠朋友邝某现金 8 万元，后高某因一直未归还被诉至珠海市斗门区人民法院，法院判决高某在判决生效后 3 日内向邝某清偿欠款 8 万元及利息，高某提起上诉后被二审驳回，维持原判。2015 年 9 月，邝某向斗门区人民法院申请强制执行，法院依法向高某送达执行通知书、申报财产表等执行材料。经查，高某一直在珠海市开出租车，每月工资约 3000 元，但高某并未向法院如实申报每月收入，亦不履行生效判决。2016 年 2 月，法院决定对高某司法拘留 15日。拘留后的高某仍拒绝执行法院判决，斗门区人民法院向公安机关移送高某拒不执行判决的线索，公安机关立案侦查后由斗门区检察院提起公诉。斗门区人民法院经审理后认为，高某对人民法院的生效判决有能力执行而拒不执行，虚假报告财产情况且经采取拘留等强制措施后仍拒不执行，情节严重，其行为已构成拒不执行判决罪，判处有期徒刑 6 个月。

　　分析：《中华人民共和国刑法》第三百一十三条第一款规定，"对人民法院的判决、裁定有能力执行而拒不执行，情节严重的，处三年以下有期徒刑、拘役或者罚金；情节特别严重的，处三年以上七年以下有期徒刑，并处罚金"。从上述案例可以看出，面对矛盾纠纷，当事人可以在协商、调解等私力救济途径无法解决时，选择向法院起诉等公力救济方式，由公安机关、法院、检察院通过行使国家权力实现对其合法权益的保护。

法的作用是指法律对人们的行为、社会生活和社会关系发生的影响，它表明了国家权力的运行和国家意志的实现。法的作用可以分为规范作用和社会作用。规范作用是从法是调整人们行为的社会规范这一角度提出来的，而社会作用是从法在社会生活中要实现一种目的的角度来认识的。规范作用是手段，社会作用是目的。本章主要介绍法的规范作用。

（一）法的规范作用

法作为一种社会规范，其具备规范作用，具体表现为告知、指引、评价、预测、教育、强制作用。

1. 告知作用

法律代表国家立法机关对于人们应当如何行为的意见和态度。通过法律，人们可以知道什么是国家赞成的，应当做、可以做的，什么是国家反对的，不该做的；可以知道国家的发展目标、价值取向和法治导向。

2. 指引作用

法律通过规定人们在法律上的权利和义务以及违反法律规定应承担的责任来调整人们的行为。这种调整的实现就是指引，主要有两种方式：其一，确定的指引，即要求人们作出或抑制一定的行为，此时法律的目的是防止人们作出违反法律指明的行为；其二，不确定的指引，即通过授予法律权利，给人们创造选择的机会，此时法律的目的是鼓励人们作出法律所允许的行为。

3. 评价作用

法律本身是一种行为的标准和尺度。法律不仅具有判断行为合法与否的作用，还能够衡量人们的行为是善良、正确的还是邪恶、错误的，是明智的还是愚蠢的。通过这种评价，法律能够影响人们的价值观念和是非标准，从而实现其规范功能。

4. 预测作用

这是指根据法律规定，人们可以预先估计到他们相互间将如何行为，国家机关及其工作人员将如何行为，从而使得人们可以根据法律来确定自己的行为方向、方式、界限，并合理地作出安排、采取措施。

5. 教育作用

法的教育作用主要通过以下两种方式实现：其一，正面教育，即通过对合法行为进行保护、赞许或奖励，从而对一般人的行为起到表率和示范作用；其二，反面教育，即通过对违法行为实施制裁，从而对包括违法者本人在内的一般人起到警示作用。

6. 强制作用

这一作用表现为法律自身规定了其可以制裁违法行为，这有利于维护和加强法律本身的权威性，最终实现保护人民正当权利的目标。强制作用以国家的强制力保障机制作为后盾，如司法、公安、检察、监狱等。这一作用的对象是违法犯罪者的不法行为。强制作用是告知作用、指引作用、评价作用等其他作用的保障。

(二)法的作用的局限性

在认识法的作用时，我们要坚持以马克思主义思想为指导，以辩证、全面、发展的眼光正确认识法的作用。对法的作用既不能无端夸大，也不能过于轻视；既不能认为法是万能的，也不能认为法是无用的。

法是经济、政治、文化、生态、社会发展进步的重要保障。法在维护阶级统治、稳定社会秩序的同时，其自身也具备一定的局限性，主要表现在以下四个方面：第一，法作为社会规范受到一定社会物质生活条件的制约；第二，法受其自身属性的限制，其调整的社会关系范围也有局限；第三，法对于不断变化的社会生活无法做到及时、有效地变更作用范围；第四，法的实施效果受到社会主体的法律意识和法律文化水平的影响。因此，在现实生活中，我们不能寄希望于借助法律解决全部问题，但不能轻视法律的存在。我们要在发挥法律作用的同时，充分认识到法的局限性，将法律调整机制与其他社会调整机制相结合，实现取长补短、优势互补，坚持依法治国和以德治国相结合，推动国家治理体系和治理能力现代化。

第二节

法 的 渊 源

一 法的渊源的类别

法律的渊源指那些来源不同因而具有不同效力意义和作用的法的外在表现形式。

法的渊源与法的效力直接相关，没有法律效力的法律规范要么被替代或修正，要么因被废除或修改而失效，从而不再具有法的效力。综览各国法的效力形式，可以将法的渊源分成成文法与不成文法两类。

（一）成文法（制定法）

成文法，又称制定法，是指国家机关依照特定的权限和程序制定颁布的，以具体条文作为表现形式的规范性法律文件。成文法是现代国家的主要的法的渊源，既包括国内的规范性法律文件，也包括国家间订立的国际协定和国际条约。

1. 规范性法律文件

规范性法律文件是指有立法权的国家机关依照特定的权限和程序制定的，以强制性的权利与义务为主要内容的，具有普遍适用效力的一般行为规则的总称。它是一国国家法律体系的主干部分，具有如下特征：第一，规范性，即通过规定权利与义务的方式，明确规范主体的行为模式，规范主体的行为；第

二，强制性，即以国家强制力作为实施保障，对违法犯罪行为进行制裁；第三，普遍适用性，即其调整对象具有不特定性，不是只针对一个人，也不是只能适用一次，而是可以反复适用，对调整范围内的所有主体都有规范效力。

2. 国际协定和国际条约

国际协定和国际条约是两国或多国就本国或本区域内的政治、经济、文化、军事等问题达成的合意。国际协定和国际条约虽然不属于国内法的范畴，但其对缔约主体具有法律约束力，是现代社会的重要的法的渊源之一。随着法律全球化和区域一体化程度的加深，双边条约和多边条约数量急剧上升，在解决国际争端和区域纠纷方面具有重要作用。

（二）不成文法（非制定法）

不成文法，又称非制定法，是指不表现为条文形式的规范内容。

1. 习惯法

习惯法是指国家有权机关通过一定的程序或特定的方式认可，并且赋予其法律规范效力的习惯或惯例。在法产生初期，法的渊源多数情况下呈现为习惯法。例如，古罗马

的"十二铜表法"就是习惯法的典型代表，也是罗马成文法的开端。习惯法虽然来源于习惯，但二者却有本质上的不同。习惯法属于国家法的范畴，而习惯则仅属于一般的社会规范。在现代社会，成文法虽然在大多数国家占据主导地位，但仍不能否认习惯法对成文法的补充作用。

2. 判例法

判例法是英美法系国家重要的法的渊源，泛指可以作为先例在审理类似案件中加以引用的法院裁决。判例法的适用以"遵循先例"为根本原则，即先前法院的判例或援引的法律原则，对于同一法院或所属下级法院处理相同或类似案件时具有法律约束力。在判例法国家，承认"法官造法"的合理性。判例法对法官的专业素养要求很高，同时也增加了普通民众的理解难度。

3. 惯例

在《辞海》中，惯例是指"法律上没有明文规定，但过去曾经施行，可以仿照办理的做法"。例如，在频繁的国际贸易往来中便形成了统一规范的贸易术语和交易习惯，为各国贸易往来提供便利等。

二 当代中国法的渊源

当代中国法的渊源以宪法为核心，以制定法为主要表现形式。这是由我国的政治体制、历史传统和现实状况决定的。第一，人民代表大会制度是我国的根本政治制度，是我国的政体。在我国，全国人大是最高权力机关，其他国家机关都由它产生、对它负责、受它监督。宪法规定立法权属于全国人大及其常委会，因此，法的渊源应当以宪法为核心，以制定法为主。第二，从中国的历史传统来看，无论是《九章律》《唐律疏议》还是《宋刑统》等条文法典，历朝历代都以明确的制定法作为统治工具，社会民众对于制定法具有特殊的心理认同。第三，从中国特色社会主义法治建设的实践来看，制定法更能够保护公民对于法律规范的可期待性，有利于发挥法的告知、指引、评价等作用。

（一）正式渊源

中国法的正式渊源主要包括宪法、法律、行政法规、地方性法规、自治条例和单行条例、规章、特别行政区法律、国际条约和国际惯例等。这些正式渊源构成了中国法律体系的基石，为法律的实施提供了明确的依据。

1. 宪法

宪法是我国治国安邦的总章程，具有最高法律效力和最高地位。《中华人民共和国宪法》制定于1954年，于1975年、1978年、1982年先后进行了三次较大修改，并于1988

年、1993 年、1999 年、2004 年、2018 年对"1982 年宪法"即现行宪法的个别条款和部分内容进行了修正。现行宪法及其 52 条修正案从总纲，公民的基本权利和义务，国家机构，国旗、国歌、国徽、首都四个章节对国家生活中最根本、最重要的方面进行了规定。

2. 法律

法律的制定主体是全国人民代表大会及其常务委员会。由于制定机关的不同，法律可以分为两类：一是基本法律，即由全国人民代表大会制定和修改的民事、刑事、国家机构和其他方面的规范性文件，如《中华人民共和国民法典》《中华人民共和国刑法》《中华人民共和国人民法院组织法》等；另一类是基本法律以外的法律，即由全国人民代表大会常务委员会制定和修改的规范性文件，如《中华人民共和国文物保护法》《中华人民共和国商标法》等。

3. 行政法规

行政法规专指作为国家最高行政机关的国务院依照法定权限和程序制定的规范性文件，其法律地位和效力仅次于宪法和法律。同时，国务院发布的决定和命令，也属于行政法规的范畴，具有同等法律效力。

4. 地方性法规

依照《中华人民共和国宪法》和《中华人民共和国立法法》的相关规定，地方性法规具有以下特点：第一，立法主体包括省、自治区、直辖市、省级人民政府所在地的市和国务院批准的较大的市、其他设区的市、自治州的人民代表大会及其常委会；第二，只在本行政区域内具有法律效力；第三，内容广泛，但不能超出法定权限，不能涉及军事和法律规定不能涉及的其他领域。

5. 自治法规

民族区域自治制度是我国的一项基本政治制度。自治机关除行使地方国家机关的职权外，还可以在法定范围内行使自治权，包括但不限于依据当地特点制定自治条例与单行条例。自治法规不能同宪法、法律、行政法规相抵触，只在该自治地方有效。

6. 经济特区的经济法规

经济特区是我国在改革开放过程中为发展对外经济贸易，特别是利用外资、引进先进技术而实行某些特殊政策的地区。经济特区的经济法规、规章不能与宪法、法律、行政法规相抵触，否则无效。经济特区的经济法规根据授权对法律、行政法规、地方性法规作出变通规定的，在本经济特区内适用经济特区经济法规的规定。

7. 特别行政区的法律、法规

特别行政区的法律、法规必须符合"一国两制"的精神，不能同宪法和全国人大制定的本特别行政区的基本法相抵触，并报全国人大常委会备案，备案不影响法律生效。

8. 国际条约与国际惯例

在双边、多边协议或其他具有条约、协议性质的文件生效后，根据"条约必须遵守"的国际惯例，上述文件对缔约国产生法律上的约束力。

9. 法律解释

法律解释，是指有权的国家机关对现行法律的内容和含义作出的说明，具体包括立法解释、行政解释和司法解释三种。

（二）非正式渊源

法的非正式渊源是指那些不具有明文规定的法律效力，但在法律实践中具有重要影响和作用的规范、准则等。

1. 政策

政策包括国家政策和政党政策。国家政策确定国家的大政方针，体现了宪法的基本精神或直接被宪法和法律确认，应当成为中国法的重要渊源。党的政策是立法的重要依据，是执法和司法的重要指导，同样具有法源的功能和地位。

2. 习惯

《中华人民共和国民法典》第十条规定："处理民事纠纷，应当依照法律；法律没有规定的，可以适用习惯，但是不得违背公序良俗。"上述条文内容确认了不违背公序良俗的习惯具有民法渊源的地位。

第三节
法的效力

法的效力，可以从广义和狭义两个角度进行理解。从广义角度来看，法的效力泛指法的约束力和强制性；从狭义角度来看，法的效力是指法的生效范围或适用范围，即法对什么人、在什么时间和什么地方适用，主要包括对象效力、时间效力和空间效力。正确、全面、规范地理解法的效力，是适用法律的重要条件。

一　法的效力范围

法的效力范围也称为法的适用范围或法的生效范围，是指法律规范的约束力所能辐射的范围。具体而言，法的效力范围包括时间效力、空间效力和对象效力三种。

（一）法的时间效力

法的时间效力是指法律规范的有效期间，包括何时开始生效、何时终止生效以及有无溯及力的问题。法的生效时间是指法从何时开始产生约束力。法的生效方式主要有以下几种：第一，多数情况下，法律自公布之日起生效；第二，法律条文本身或法律制定机关规定生效时间；第三，法律规定的生效条件成就后生效；第四，法律文本送达的时间即为生效起始时间；第五，法律本身规定试行，试行结束后生效。法的终止又称为法的废止，指法的效力的绝对消灭，包括明示废止和默示废止两种类型。法的溯及力问题是法的时间效力的重要内容。法的溯及力，又称法溯及既往的效力，是指新颁布的法律能否对其生效以前的行为和事件产生约束力的问题。如果可以适用，该法就具有溯及力；反之，则无溯及力。处理法的溯及力问题，要以法不溯及既往为原则，以有利追溯为补充。前者是指国家不能以今天的法律规范制裁人们过去的行为，后者在刑法中的典型体现是"从旧兼从轻"原则，即新法不认为构成犯罪或罪责较轻的，适用新法。

案例 1－4

　　被告人张某与范某（另案被告人）系某工厂同事，张某在单位食堂工作，范某任单位保卫科科长。另一被告人方某与张某是朋友。1997 年前后，范某在与张某的一次交谈中提到，单位组织民兵训练需要枪支，于是张某从方某处拿了一支猎枪借给范某试用。过了一段时间之后，范某以单位组织民兵训练为理由，个人出资约人民币 1 万元通过张某向方某购买该支猎枪，范某将钱款交付给张某，张某将购枪款转交给方某。2013 年 6 月 22 日晚，范某使用该猎枪在上海市浦东新区、宝山地区杀害 5 人并致 3 人重伤。同年 6 月 24 日，张某和方某到案，如实供述自己的罪行。上海市第二中级人民法院认为，被告人张某、方某非法买卖枪支的行为已过追诉时效期限，且不属于必须追诉的情形。依照《中华人民共和国刑法》第八十七条、《中华人民共和国刑事诉讼法》第十五条和《最高人民法院关于适用〈中华人民共和国刑事诉讼法〉的解释》第二百四十一条第一款第八项之规定，裁定终止审理。

　　分析：上述案例中，被告人张某、方某非法买卖枪支的行为发生在 1997 年前后，而 1997 年《中华人民共和国刑法》的生效时间为 10 月 1 日。但是，现有的证据无法确认该行为发生于 1997 年 10 月 1 日之前还是之后。此时，便产生了《中华人民共和国刑法》适用的溯及力问题。鉴于 1997 年刑法对非法买卖枪支罪设置的法定刑重于1979年刑法，结合刑法"从旧兼从轻"原则，应当适用1979年刑法和1995年《最高人民法院关于办理非法制造、买卖、运输非军用枪支、弹药刑事案件适用法律问题的解释》（简称1995年解释）。比较而言，1979年刑法和1997年刑法对非法买卖枪支罪犯罪构成要件的规定并没有很大不同，但1997年刑法对该罪设置的法定刑更重；同时，2001年《最高人民法院关于审理非法制造、买卖、运输枪支、弹药、爆炸物等刑事案件具体应用法律若干问题的解释》和1995年解释相比，犯罪构成要件由"制造非军用枪支一支或者买卖、运输二支以上"变成"非法制造、买卖、运输、邮寄、储存以火药为动力发射枪弹的非军用枪支一支以上或者以压缩气体等为动力的其他非军用枪支二支以上"，对买卖、运输以火药为动力发射枪弹的非军用枪支的行为规定的入罪门槛降低，刑罚整体上更加严厉。因此，结合新法优于旧法以及刑法中"从旧兼从轻"的原则，应当适用1979年刑法和1995年解释。

（二）法的空间效力

法的空间效力是指法律规范产生的约束力所辐射的地域范围，包括域内效力和域外效力两个方面。法的域内效力直接与国家主权范围相关，适用于包括领陆、领水、领空及其底土以及延伸意义上的领土在内的国家主权管辖的全部区域。法的域内效力主要有以下几种情形：第一，法律规范在制定机关管辖的全部区域内有效，如我国的全国人大及其常务委员会制定的法律在全国范围内有效；第二，法律规范在局部区域产生效力，如我国民族自治机关制定的自治条例和单行条例在相应的自治地方有效，美国各州制定的法律在本州的辖区范围内生效等；第三，法律制定机关规定法律规范在特定区域生效，如我国全国人大制定的《中华人民共和国香港特别行政区基本法》和《中华人民共和国澳门特别行政区基本法》分别对香港和澳门有效。法的域外效力是指法在本国主权管辖领域以外的范围产生的约束力。例如，我国刑法中规定了外国人在中国领域外对中国国家或公民犯罪符合特定条件时，可以适用中国刑法追究其刑事责任。

（三）法的对象效力

法的对象效力是指法对人的效力，即法律规范能够对哪些主体产生约束力。各国在法的对象效力的适用上遵循不同的原则，主要包括以下四种。

1. 属人主义原则

属人主义原则即以公民或组织的国籍为标准确定法的效力范围。本国的公民或组织

无论在域内还是域外，均受本国法律规范的约束。需要注意的是，仅仅适用该原则可能会侵犯别国的主权，也不利于本国主权安全。

案例 1-5

2016 年 11 月 3 日，江某在日本东京被刘某的前男友陈某杀害。刘某是江某在日本留学时的同乡、好友。案发前两个多月，刘某因陈某不同意与其分手产生争执而向江某求助，江某同意她与自己同住。2016 年 11 月 2 日 15 时许，陈某找到刘某与江某同住的公寓，上门纠缠滋扰，刘某向已外出的江某求助。江某提议报警，刘某以合住公寓违反当地法律、不想把事情闹大为由加以劝阻，并请求江某回来帮助解围。江某返回公寓将陈某劝离。之后，江某返回学校上课，陈某则继续尾随刘某并向其发送恐吓信息。刘某为摆脱其纠缠求助同事充当男友，陈某愤而离开并给刘某发信息，称"我会不顾一切"。其间，刘某未将陈某纠缠恐吓的相关情况告知江某。当晚 11 时许，刘某因感觉害怕，通过微信要求江某在地铁站等她一同返回公寓。11 月 3 日 0 时许，二人会合后一同步行返回公寓。二人前后进入公寓二楼过道，事先埋伏在楼上的陈某携刀冲至二楼，与走在后面的江某相遇并发生争执，其间走在前面的刘某打开房门，先行入室并将门锁闭。陈某在公寓门外捅刺江某颈部十余刀，随后逃离现场。江某因左颈总动脉损伤失血过多，经抢救无效死亡。经东京地方法院审理，被告人陈某被判处有期徒刑 20 年。

分析：《中华人民共和国刑法》第六条第一款规定了属地管辖原则，"凡在中华人民共和国领域内犯罪的，除法律有特别规定的以外，都适用本法"，该案件发生在日本，依据属地主义原则，被告人陈某的犯罪行为应当适用日本法律，由日本法院进行管辖。但是，刑法第七条第一款规定了属人管辖原则："中华人民共和国公民在中华人民共和国领域外犯本法规定之罪的，适用本法，但是按本法规定的最高刑为三年以下有期徒刑的，可以不予追究。"刑法第二百三十二条规定，"故意杀人的，处死刑、无期徒刑或者十年以上有期徒刑；情节较轻的，处三年以上十年以下有期徒刑"。据此，故意杀人是严重的暴力犯罪，根据我国刑法的上述规定，我国司法机关依据属人管辖原则也有权进行管辖。同时，刑法第十条规定："凡在中华人民共和国领域外犯罪，依照本法应当负刑事责任的，虽然经过外国审判，仍然可以依照本法追究，但是在外国已经受过刑罚处罚的，可以免除或者减轻处罚。"也就是说，如果被告人陈某经过日本法院判决接受刑事处罚后回到中国，仍可依据我国刑法审理该案件，我国司法机关仍对其享有追诉权。

2. 属地主义原则

属地主义原则即以主权领土范围为标准确定法的效力范围。一切属于本国领土管辖范围内的主体，不论国别，均应当受到该国法律的约束。需要注意的是，仅仅适用该原则可能会使本国公民在国外的违法犯罪行为逃脱法律制裁，不利于法治建设。

案例 1-6

2019年初，被告人沙迪德·阿布杜梅亭（美国籍）与被害人陈某某（女，殁年21岁）相识，谎称自己离异单身，逐渐与陈某某建立男女朋友关系。自2021年5月中下旬开始，陈某某多次提出分手，沙迪德·阿布杜梅亭不同意并对陈某某进行言语威胁。2021年6月14日，沙迪德·阿布杜梅亭用随身携带的折叠刀捅刺、切割陈某某颈部数刀，在陈某某失去反抗能力后，又继续戳刺陈某某面部数刀，导致陈某某大出血，当场死亡。

宁波市中级人民法院认为，被告人沙迪德·阿布杜梅亭故意非法剥夺他人生命，其行为已构成故意杀人罪。沙迪德·阿布杜梅亭预谋报复杀人，捅刺、切割陈某某面部、颈部多刀，致陈某某死亡，动机卑劣，犯意坚决，手段残忍，犯罪情节特别恶劣，后果特别严重，应依法惩处。审理期间，法院依法充分保障了被告人沙迪德·阿布杜梅亭的辩护、获得翻译、领事探视等各项诉讼权利，开庭、宣判前均依法通知了美国驻华使领馆。

分析：我国刑法第六条第一款规定了属地管辖原则，"凡在中华人民共和国领域内犯罪的，除法律有特别规定的以外，都适用本法"。从上述案例可以看出，美国人沙迪德·阿布杜梅亭在中国境内实施了犯罪行为，其犯罪行为的发生地与犯罪行为的结果地均在中国的主权领土范围内。因此，依据属地主义原则，中国法律能够对美国人沙迪德·阿布杜梅亭的犯罪行为产生约束力。

3. 保护主义原则

保护主义原则即以保护本国国家或公民的利益为出发点确定法的效力范围。这一原则的核心在于，无论犯罪行为是在本国领域内还是领域外发生，也不论犯罪者是本国人还是外国人，只要该行为损害了本国国家或公民的利益，都可以适用本国法律。

案例 1-7

跨阿拉斯加石油管道是世界上最大的管道系统之一，从美国的普拉德霍湾延伸至不冻港瓦尔迪兹。美国政府指控 Reumayr 企图用炸药炸毁跨阿拉斯加石油管道，以阻止石油沿管道流动。据推测，Reumayr 试图据此从石油期货投资中获得巨额利润。为了达到此目的，Reumayr 通过电子邮件与炸药专家 Paxton 取得联系。Reumayr 与 Paxton 制定了一个详细的爆炸计划，并为 Paxton 寄去 3 000 美元，用于购买炸药原料。但 Reumayr 不知，Paxton 在与其进行初次接触后便将此事告知了政府，并一直担任政府机关的"线人"。Reumayr 在与其见面后不久便被逮捕，并被起诉至加拿大法院，最终被引渡到美国。

分析：从 Reumayr 被诉案的案件事实来看，Reumayr 的犯罪行为地是加拿大，美国似乎并无管辖权，但由于其犯罪行为危害了美国国内能源供应安全和石油期货市场稳定，损害了美国的国家利益与公民利益，因此可以依据保护主义原则，对其适用保护管辖权，其犯罪行为可以适用美国法律。

4. 综合主义原则

综合主义原则即以属地主义为主，以属人主义和保护主义为补充。我国采取这一原则确定法的对象效力。

案例 1-8

2018 年 10 月 27 日，男子张某带着妻子小洁及女儿前往泰国普吉岛游玩。2018 年 10 月 29 日，小洁被发现死亡。案发前数月，张某曾以自己和妻子小洁的名义，在 11 家不同的保险公司购买大额保单，投保额 274 649 元，总保险价值 2 676 万元，被保人显示均为小洁，受益人均指向张某。归案后，张某向代理律师承认，出事前伪造妻子签名，买下两份终身保险。但他表示，妻子对此事知情，并称买保险是为了孩子，系投资理财，并否认了"杀妻为骗保"的指控。2019 年 12 月 24 日，泰国普吉府法院经审理查明，被告人张某有预谋、有计划地蓄意杀害他人，依据泰国刑法第 289(4) 条之规定，张某被判处无期徒刑。2020 年 3 月 23 日，该案被害人家属委托律师向泰国第八区中级人民法院提起上诉。2021 年 1 月 7 日，中级人民法院改判张某死刑。

分析：在此案件中，被告人张某的国籍为中国，被害人小洁的国籍也为中国，被害人张某对小洁实施的犯罪行为系侵害小洁生命健康权的行为，依据属人主义原则和保护主义原则，应适用中国法律。但是，由于犯罪行为发生地与犯罪行为结果地均为泰国，且我国在确定法的对象效力时以属地主义原则为主，因此，张某杀妻骗保案应当适用泰国法律。如果仅仅依据属人主义原则和保护主义原则适用中国法律审理该案件，则有可能损害泰国的司法主权。

二　法的效力冲突及其处理原则

在一国的现行法律规范体系中，法律规范的数量众多，制定主体和制定权限不同，且制定和修改时间不同，并且随着社会结构的变革和社会关系的变化，其中的内容之间难免存在矛盾和冲突。为保证法的规范效力，实现法的实施效果，如何化解不同法律规范之间的矛盾和冲突则显得尤为重要。

由于不同的法律规范具有不同的制定主体，且制定主体之间存在行政层级和立法权限上的差异，因此，解决法的效力冲突首先应当明确法的效力位阶。法的效力位阶，是指由于法律规范的制定主体在地位上存在差异导致法律规范在效力上存在等级差别。具体而言，法律规范的制定主体地位越高，法律规范的效力等级就越高；反之，法律规范的制定主体地位较低，则法律规范的效力等级则相应较低。基于此，在理论和实践过程中，处理法的效力冲突会遵循一些特定原则(图 1-1)。

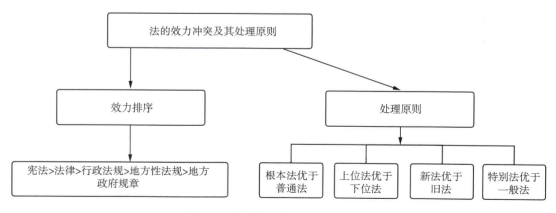

图 1-1　法的效力冲突及其处理原则

（一）根本法优于普通法

根本法是指在一国的法律体系中具有最高法律效力和居核心地位的，规定国家最根本、最全面的内容的，制定和修改程序均特殊且严格的宪法。而普通法则是与根本法相对应的称呼，即除了宪法之外的成文法的总称。普通法的效力和地位低于根本法，因此当普通法与根本法相抵触时，根本法优于普通法，凡与根本法相抵触的普通法都不具备法律效力。

（二）上位法优于下位法

就法律效力大小而言，效力大的为上位法，它之下生效的为下位法。例如，全国人大常务委员会制定的《中华人民共和国土地管理法》是上位法，国务院制定的《土地管理法实施条例》是下位法。当下位法与上位法相抵触时，上位法优先。

（三）新法优于旧法

新法与旧法的区分，以法律的生效时间作为划分标准。新法优于旧法的原则有其适用的前提，即只能针对效力位阶相同的法律而言。当法律的效力处于同一位阶的两部法律发生冲突时，新法优先适用。

（四）特别法优于一般法

特别法与一般法是以法的适用范围为标准进行区分的。一般法是指适用于一般主体、一般事项、一般时间、一般空间范围，具有普遍约束力的法律规范的总称，如民法、刑法。特别法专指适用范围限于特定主体、特定事项、特定时间、特定空间的法律，如相对于教育法而言，高等教育法就是特别法。在同一位阶上，特别法优于一般法。

本章要点

☆ 法的本质是指法律的各组成要素之间相对稳定的内在联系，反映了统治阶级的意志。

☆ 法是调整社会关系的行为规范，由国家制定或认可，规定社会关系参加者的权利和义务，以国家强制力保证实施。

☆ 法通过规范人们的行为来实现对社会关系的调整，具有告知、指引、评价、预测、教育、强制等规范作用。

☆ 法律的渊源指那些来源不同因而具有不同效力意义和作用的法的外在表现形式。综览各国法的效力形式，可以将法的渊源分成成文法（制定法）和不成文法（非制定法）。

☆ 当代中国法的渊源：以宪法为核心，以制定法为主要表现形式，包括宪法、法律、行政法规、地方性法规、自治法规等。

☆ 法的效力范围包括时间效力、空间效力和对象效力，正确理解法的效力是适用法律的重要条件。

☆ 处理法的效力冲突应遵循根本法优于普通法、上位法优于下位法、新法优于旧法、特别法优于一般法等原则。

思考与练习

1. 如何理解法的本质？
2. 法的特征有哪些？
3. 简述法的规范作用。
4. 当代中国法的渊源有哪些？
5. 如何处理法的效力冲突？

第二章
法 治

⚖ 素质目标

- ⊙ 具备基本的法治素养
- ⊙ 守法爱国，关注中国法治建设

📖 知识目标

- ⊙ 准确把握法治的基本概念和内涵
- ⊙ 了解法治的基本原则和价值导向

📖 能力目标

- ⊙ 能够阐述法治的内涵、基本概念和内容
- ⊙ 能够区别法治与法制、德治、人治
- ⊙ 能够对社会热点事件做出法治层面的评价与分析

当你在校园中看到大家秩序井然地排队用餐时，你是否思考过，这背后的规则和秩序是如何形成的。其实，这就是法治的体现。法治即法律的治理、法律的统治，它的内涵十分丰富，以"法律至上""权利保障""权力制约""正当程序"为基本原则，蕴含着"自由平等""公平正义""人权保障"等基本价值，核心是"良法善治"。

法治是人类文明进入现代社会的重要标志，是人类政治文明的重要成果，是国际社会大多数文明国家推崇的对内治理方式和国际行为准则。作为法治社会的一员，我们需要理解什么是法治，什么不是法治，以及为什么要选择和践行法治。

第一节

法治的概念

法治是人类文明进入现代社会的重要标志，是人类政治文明的重要成果。2005 年，联合国首脑会议通过的《世界首脑会议成果文件》将法治作为一项价值观和基本原则。时至今日，法治已成为国际社会大多数文明国家推崇的对内治理方式和国际行为准则。

一 法治是法的统治

从字面上看，法治即法的统治。我们可以这样理解法治：法治是把法律置于至高无上的地位，将国家权力和社会成员的活动都纳入完备的法律规则系统的一种治国方略。法治意味着依法办事，上至国家事务，下至私人生活，都要以法律为准绳，都需要在法治的框架中运行。有一句法谚能够帮助我们理解法治的基本逻辑："法无禁止即自由，法无授权即禁止。"

首先，"法无禁止即自由"，这是对一国公民来说的，即公民个人行为的边界由法律设定，只要法律没有禁止这样做，公民个人就能这样做。其次，"法无授权即禁止"，这是针对国家公权力来说的，即公权力的行使要严格按照法律的授权进行，公权力机关不可滥用权力、突破法定程序、肆意扩大权力。如果法律没有授予公权力机关做某事的权限，公权力机关便不可去做。由此来看，实行法治有这样一种效果：它能给予公民最充分的自由，而给予政府尽可能小的权力。

二 法治是良法善治

古希腊哲学家亚里士多德在其著作《政治学》中写道，"法治应当包含两重意义：已成立的法律获得普遍的服从，而大家所服从的法律本身又应该是制定得良好的法律"。这句话指出了法治的内核，即良法善治。

（一）良法是法治的基础

巧妇难为无米之炊。良法是法治的基础，如果一部法律在内容上反人类、反人道，法律条文没有体现人的道德与理性，那么我们则可以判断这部法律不是一部好的法律。如果制定的法律并非良法，那么这部法律就无法得到公民的认可和遵守，它的推行将只能依靠暴力和压迫，其实施效果必定会大打折扣。

《中共中央关于全面推进依法治国若干重大问题的决定》指出："建设中国特色社会主义法治体系，必须坚持立法先行，发挥立法的引领和推动作用，抓住提高立法质量这个关键。要恪守以民为本、立法为民理念，贯彻社会主义核心价值观，使每一项立法都符合宪法精神、反映人民意志、得到人民拥护。要把公正、公平、公开原则贯穿立法全过程，完善立法体制机制，坚持立改废释并举，增强法律法规的及时性、系统性、针对性、有效性。"[①]具体来说，良法应当包括以下内容。

1. 良法应当体现人民的利益和意志

法律作为人们日常生活的最高依据，与人民群众的利益息息相关，故法律应当反映广大人民群众的利益和意愿。因此，在立法过程中，应当按照公平、公正、公开的原则，设定一定的立法程序，以扩大和便利人民群众对立法工作的参与，充分听取人民群众的意见，广泛汇集民智，从而使每一项立法都能体现人民群众的利益和诉求，保障人民的权利。

2. 良法应当追求公平、正义等价值

法律是法官处理案件的依据，涉及对价值的判断，良法应当具有坚实的价值基础。正义以利益为依归，是对利益的正当分配，公平、正义反映了人类文明的基本共识和人类生活的根本理想，没有正义就没有法律。具体来说，法律应当公平合理地分配权利和义务，并且为了实现这种权利义务而设定一系列的合理的法定程序。没有公平正义作为价值基础，法律的正当性便存在疑问。

---

① 中共中央关于全面推进依法治国若干重大问题的决定[EB/OL]. https://www. audit. gov. cn/n4/n18/c60263/content. html.

3. 良法应当符合社会发展规律

法律是一种社会现象，社会发展推动着法律的变革，法律变革对社会发展具有反作用。因此，一部好的法律应当起到维护社会秩序、保障社会安定、促进社会发展的作用。这就要求法律要具备科学性。立法者要把自己视为自然科学家，准确把握社会发展规律，将社会发展演进的规律内化到法律之中，对新出现的社会现象与问题予以合理的规范和调整，同时对未来的社会发展作出一定的前瞻性规定，使法律尽可能地引导和保障社会的良性发展。

4. 良法应当符合国家和社会的实际情况

每一个制度和体系安排，都要反映本国的历史文化传统，符合社会的实际需要。一方面，法律作为一种调整社会生活的规范，如果要充分发挥它调整社会生活的作用，就必须从实际出发，立足社会现实，解决现实中存在的问题。另一方面，法律是为人设定的，但人非为法所生，因此法律要符合社情民意。当法律的规定与社会的风土人情、伦理风俗不一致时，就会因为缺乏群众基础而很难在生活中具体落实。忽视国情、社情、民意的法律不能被称为良法。

5. 良法应当具有科学合理的体系

首先，一个国家往往有很多部法律，良法要求这些法律在内容上应当相互协调、相互配合，不能相互冲突，形成一个在规则内容、内在价值两方面都具有一致性的法律规则体系。其次，法律的制定应当基本覆盖社会生活的各个方面，处处有法可依，充分保障人民的利益。最后，良法要求法律要做到与道德、习惯及社会自治规则的分工协调，形成共同发力、协调治理的规则系统。

6. 良法应当具有程序正当性

法律规定了公民的权利和义务，关乎社会公众的生活，是维护秩序和公正的基石，而立法程序则是确保法律合法性和公正性的重要环节。一部好的法律不仅要在内容上达到公平合理分配权利义务等标准，还应当在制定过程中具备程序上的正当性。即使一部法律在内容上是好的，但如果其具有创制程序上的瑕疵，也不能算一部好的法律。一般来说，一部法律的立法程序要历经立法建议、专业讨论、起草法律草案、修改审议法律草案、公开听取意见、表决和批准、公告和生效等多个环节，通过这些严密的程序，法律的合法性和公正性才能得到保障。

(二)善治是法治的目标

何为善治？我们可以把善治看作一种社会状态，它与历史上曾经出现的盛世相似，是一种良好的社会治理状态，即实现了成功的社会治理。党的二十大报告指出要"以良法促进发展、保障善治"。结合二十大报告中描述的社会主义现代化强国的宏伟蓝图，善治应当包括综合国力大幅提升，国家治理能力实现现代化，建成法治国家、法治政府、法治社会，人民对美好生活的需要基本满足等元素。因此，善治应当包括以下内容。

1. 善治是民主治理

全体公民共同参与国家和社会治理是善治的关键，在现实社会中，民主是此种参与的最佳方式。我国是人民当家做主的社会主义国家，在国家和社会治理上，只有让最广大人民群众参与国家治理，才能最广泛地汇集民众智慧，提高国家和社会治理的科学性，并使其符合最广大人民群众的根本利益。在封建社会中，民众是被统治的对象，所谓盛世只是一小部分精英人群的治理成果，且要具备一定的历史条件。民主基础上的善治与封建时代的善治有着本质的区别。

2. 善治是依法治理

善治是在民主的基础上全面推进法治，实现社会的有效治理。依法治理首先要做到有法可依，这就要求全面推进法治国家、法治政府、法治社会一体建设。建设法治国家，要求在宪法层面确定分权与权力制约的国家权力关系。建设法治政府，则要求制定法律对公权力进行规范和约束，把权力关进制度的笼子，做到"法无授权即禁止"。建设法治社会，则是利用法治手段化解社会中存在的矛盾与纠纷，平衡利益冲突，维护社会安定有序、长治久安。总的来说，依法治理重视规则的作用，在广泛收集民意的基础上，制定出平等、合理的法律规则并使之公开，保障人们对未来的预期，进而根据法律规范自身的行为，在受到侵犯时，采取法律措施维护自身的权利。法治可以说是现代社会化解矛盾、解决冲突最有效的方式。

3. 善治是社会共治

社会共治是指政府、社会组织、企事业单位、社区以及个人等多种

> **知 识 链 接**
>
> **枫桥经验**
>
> 枫桥经验，是指20世纪60年代初，浙江省诸暨县（现诸暨市）枫桥镇干部群众创造的"发动和依靠群众，坚持矛盾不上交，就地解决，实现捕人少，治安好"的经验，为此，1963年毛泽东主席就曾亲笔批示"要各地仿效，经过试点，推广去做"。
>
> "枫桥经验"由此成为全国政法战线的一面旗帜。之后，"枫桥经验"得到不断发展，形成了具有鲜明时代特色的"党政动手，依靠群众，预防纠纷，化解矛盾，维护稳定，促进发展"的枫桥新经验，成为新时期把党的群众路线坚持好、贯彻好的典范。

主体通过平等的合作、对话、协商、沟通等方式，依法对社会事务、社会组织和社会生活进行引导和规范，最终实现社会公共利益最大化的治理模式。"管理"与"治理"虽只有一字之差，但在具体内涵上有天壤之别。社会共治要求政府在行使公权力的过程中，注重吸纳公众广泛参与，通过协商和沟通充分尊重民意、听取民声、反映民愿、吸纳民智，确保公民的权利得以实现。社会共治的模式实现了从单一依赖政府的管理到多种社会治理方式结合的转向，按照此种社会共治的形式进行社会治理，是善治的基本方式。

4. 善治是法德合治

中国古代历来重视道德（礼）在社会中的治理作用，《史记》有云："夫礼禁未然之前，法施已然之后。"道德礼法重在对个人的行为进行思想上的教化，侧重事前的预防，而法律规则则主要是对违法行为进行制裁，侧重事后的惩戒。法律与道德互为表里，都是社会治理的手段。正所谓"内化于心，外化于行"，道德对人的行为有潜移默化的影响，能教导人的思想，具有法律不具备的优势。因此，重视发挥道德的作用成为治国理政的重要经验。要实现善治，应当注重发挥"礼"对人们行为的调整作用，以促进法律的有效实施，达到良好的社会治理效果。

（三）法治是良法与善治的有机结合

良法是善治之前提，要实现法治，首先要制定良法促进善治。通过立法制定行为规则、划定行为范围，为社会治理提供法律依据，实现合理配置社会资源、合理分配权利义务、明确权力与责任等目的。在当下我们实现法治的过程中，要坚持发挥立法的引领和推动作用，坚持立法、立良法。没有良好的治理规则、缺乏规则或者规则相互冲突均不能实现善治。

但是，如若仅仅制定出了良法，还不能实现善治，更不能实现法治。良法解决的是法律体系上的问题，善治强调法律的实施及其实效，也就是《孟子》中所说的"徒善不足以为政，徒法不能以自行"。善治以贯彻实施良法为核心，制定出良好的法律，还必须严格执行，将其从"纸面上的法律"变成"行动中的法律"。

"使社会主义法治成为良法善治"是习近平总书记在中央全面依法治国委员会第一次会议上明确提出的要求。[①] 这体现了良法善治作为社会主义法治的核心要义和价值追求，是全面依法治国、实现国家治理体系和治理能力现代化的必然选择。

---

① 新华社. 习近平主持召开中央全面依法治国委员会第一次会议［EB/OL］. https：//www. gov. cn/xinwen/2018-08-24/content_ 5316286. htm.

三 法治与法制、人治、德治

（一）法治与法制

从字面含义上看，"法制"是法律制度的简称，属于制度的范畴，主要是指一个国家或地区现行法律规范的总和。它主要从法律规则的层面强调法律体系的完整性，关注有没有法律以及法律体系是否完备。在时间上，"法制"早于"法治"，可以说只要有法律，就有了"法制"。"法治"则是在工业时代之后，伴随着天赋人权、个人权利等理论发展才出现的现代化的产物。从英语原文中，可以更好地理解两者的区别：法制的英文为 legal system，而法治则是 rule of law。从广义上说，法治可以涵盖法制的概念。法治本身不仅

知 识 链 接

从"法制"到"法治"

1978年十一届三中全会：这是中国法治发展的重要起点。在这次会议上，中国将国家工作重心从以阶级斗争为纲转移到以经济建设为中心，并号召"加强社会主义法制"。

1982年宪法：在序言中首次规定"不断完善社会主义的各项制度，发展社会主义民主，健全社会主义法制"。

1999年宪法修正案：第九届全国人民代表大会第二次会议通过的宪法修正案中增加了一条，"中华人民共和国实行依法治国，建设社会主义法治国家"，正式将依法治国确立为治国的基本方略。

2011年中国特色社会主义法律体系的形成：时任全国人大常委会委员长的吴邦国宣布，中国特色社会主义法律体系已经形成，这表明中国已在根本上实现从无法可依到有法可依的历史性转变。

2014年党的十八届四中全会：这次会议通过了《中共中央关于全面推进依法治国若干重大问题的决定》，对全面推进依法治国作出重大部署。

2017年党的十九大：这次会议明确提出全面依法治国是中国特色社会主义的本质要求和重要保障，要坚定不移走中国特色社会主义法治道路。

2022年党的二十大：这次会议明确提出要坚持全面依法治国，推进法治中国建设。

要求良法之治，而且还要求法律制度的完备性和体系性。从这一意义上说，法制是法治在法律体系层面的基本要求。没有相对完备的法律制度，也就无所谓依法而治了。但有了法制并不一定就实现了法治，后者作为一种国家治理和社会生活方式，有赖于人们对法律制度的普遍信仰和遵守。

（二）法治与人治

人治主要是指以统治者的主观意愿来管理社会事务的治理模式。亚里士多德指出，法治应当优先于一人之治。他认为人都是自私的，哪怕再聪敏睿智，也难免失去理智而感情用事，因而把国家管理的希望寄托在个人身上是十分不理智的做法。换句话说，法治可以秉公，而人治则容易偏私。

与人治相比，法治具有以下优越性。

1. 法治更具明确性

法律的规定通过成文或者判例的形式表现出来，其条文或者内容具有明确性，使人们清晰地知晓自己行为的后果，实现社会的规范和有序。而人治则完全根据特定个人的判断、选择与决定来进行治理，而且人治的决策过程不公开，在决策程序上就难以保证最终决策结果的科学性。

2. 法治更具可预期性

在法治社会中，法律一经公布就昭示天下，成为人们的行为规则，每个人都可以按照法律的规定去从事各种行为，而不必担心出现难以预见的后果，因为每个人行为的后果在法律上都已经作出了规定。而人治则容易朝令夕改，命令的颁布和废止很大程度上取决于当权者个人的喜怒哀乐，因此人治之下的规则不具有长远的可预期性。

3. 法治更具科学性

在法治社会中，法律是汇集民智的结果，司法也是由专业化的职业法官对法律进行适用的过程。而在人治社会，命令的颁布往往是个别当权者的决定。法治体现的是众人智慧，而人治是个人智慧，众人智慧显然胜于个人智慧。

4. 法治更具稳定性

法治社会通过公布和实行法律形成稳定的社会秩序，这种法律秩序的变动受到程序法的严格约束，因此具有程序上的严谨性，不因个人的变动而变更，也不因领导人意志的改变而改变。而在人治社会中，"人存政举，人亡政息"，政令的时效与当权者紧密捆绑，虽然也具有一定的秩序，但是这种秩序是难以长期维系的。

（三）法治与德治

我国历史上关于法治和德治的讨论，可以追溯到春秋战国时期的"儒法之争"。争议的核心是国家治理的主要依据是法律还是道德。儒家主张维护"礼治"，即认为治理国家主要应当依靠道德教化，法律只是起辅助作用，也就是"德主刑辅"，以德治国，重视人治。而法家则主张"一断于法"，以法治国，反对人治，即认为国家治理要依靠法律，排除人的因素。可见，无论是儒家还是法家，都注意到了法律和道德的相互作用，不过是以哪个为主的问题。在现代法治社会的国家治理中，道德仅仅处于辅助地位，其中有以下原因。

1. 道德的非规范性

道德虽然指引人们应当做某事或不应做某事，但其并没有明确的行为模式和违背道德规则的具体后果，对人们的行为缺乏明确的指引。

2. 道德的非强制性

道德是在社会生活中自发形成的，因此不具有法律上的强制力，没有一个强大的力量保证这种规范在社会生活中一定能够被遵守，主要依靠人们的自觉。

3. 德治无法适应现代社会

现代社会生活中有大量的行为无法由道德进行规制，如注册公司必须满足的条件、检验汽车合格的标准等，这些行为具有明显的中性色彩，在道德上无法评价。

4. 道德的高标准性

众所周知，法律是一种最低限度的道德，成为一个守法的公民比成为一个好人更加容易，否则我们在日常生活中不会去奖励、敬仰那些道德高尚的人。舍己为人、无私奉献的道德要求并不是所有人都能做到，这是人的天性使然，因此我们无法因为其没有做到这一点而要求其承担责任。

第二节
法治的基本原则

一　法律至上原则

法律至上是指法律具有至高无上的地位与权威。任何组织或个人都要受法律的制约，在法律的框架内进行各种社会活动。法律至上原则是法治中最基本的重要原则，强调法律在整个社会规范体系中具有至高无上的地位，其他任何社会规范都不能否定法的效力或与法相冲突。此外，法律至上也是法治区别于人治的根本标志。中国古代封建王朝也运用法律进行治理，但法律主要是作为单纯的治理工具存在的，在法律之上往往还有达官贵族、君主的存在，法律的权威无法得到保障。如果不确立法律至上原则，即使法律完全建立在民主基础上，也仅是"纸上的法律"。

案例 2-1

　　李先生是 A 省一家知名企业的高级经理，他因工作繁忙经常加班至深夜。一天晚上，他加班结束后驾车回家。因为路上车较少，加之急于回家，李先生在一条规定最高时速为 60 公里的路段上，将汽车开到了时速 90 公里。不幸的是，他被一路巡逻的交警拦下，并被告知因为超速驾驶将会被处罚。

　　李先生试图解释自己的情况，希望能够因为自己的社会地位和在企业中的职位获得一些"特殊照顾"，甚至暗示可以为此提供某种形式的补偿。然而，交警坚持按照法律规定执行，对李先生的超速行为进行了处罚，包括罚款和记分。

　　分析：社会地位和影响力在某种程度上可能会给一些人在日常生活中带来便利，但在法律面前，这些并不能成为他们逃避法律责任的护身符。案例中，李先生虽然有一定的社会地位和影响力，但仍因超速被交警处罚。这意味着在法律面前，任何人都处于平等的地位，不论职务、地位高低，都要遵守法律的规定，为自己的违法行为负责。法律至上原则确保了社会的公正和法治的权威，使法律成为维护社会秩序和保护公民权益的最根本保障。

二　权利保障原则

　　权利保障原则主要是针对私权利而言，其内容主要包括国家尊重和保障人权、法律面前人人平等和权利与义务相一致。从一定意义上说，法治的所有价值目标都可以归结为国家充分尊重和保障人权，促进公民自由意识和能力的提高。对国家权力的法律限制本身就是对人权的有力保障。因此可以说，充分尊重和保障人权是法治的最终目的。

　　首先，法律面前人人平等是民主和法治的基本要求，即在执法和司法过程中，对一切公民权利和自由的平等保护，对一切主体义务的平等要求，对违法行为平等地追究法律责任，不承认任何法外特权。其次，法律面前人人平等还要求在立法上平等分配各种社会资源。平等意味着尊重社会主体的多元价值观和生活方式，消除歧视与偏见。最后，法治原则还要求在法的制定和实施过程中贯彻主体的权利与义务相一致原则。一方面，确认和保障主体的权利和自由是法治的根本目的；另一方面，平等原则又要求权利和义务的一致性，"没有无权利的义务，也没有无义务的权利"。对国家权力而言，在资源分配上不能将权利只分配给一部分人，而将义务分配给另一部分人；对社会主体而言，不能只享有权利而不承担义务，在行使权利时必须尊重他人和社会的相应权利。

案例 2－2

在某市的居民区中，市政府计划对一处老旧的公园进行改造，旨在为居民提供更好的休闲空间。改造计划包括增设儿童游乐设施、健身路径和绿化带。然而，改造计划的提出立即引发了一部分居民的担忧，尤其是公园里小型农贸市场的那些摊贩们，他们担心改造后将失去摊位，影响生计。

市政府为了确保决策过程的公正和透明，根据国家有关法律法规，采取了一系列措施来广泛听取居民的意见。首先，市政府在公园周围张贴公告，说明改造计划的内容，并邀请居民参加公开的讨论会。其次，在讨论会上，所有居民都有平等的机会发表自己的意见和建议，无论是支持改造的居民还是担忧改造影响生计的摊贩们。

针对摊贩们的担忧，市政府承诺将为他们提供新的摊位，并且在改造期间提供一定的经济补偿。同时，市政府也强调，公园改造计划最终是为了全体居民的福祉——改善居住环境。

分析：上述案例中，市政府通过一系列措施，展示了对权利保障原则的尊重和实施。一方面，通过平等地听取所有利益相关者的意见，尊重和保障了居民表达自己观点的权利；另一方面，市政府对摊贩承诺的内容，确保了公共资源分配的公正性。市政府的做法既保障了居民享受公共空间的权利，也平衡了摊贩们的生计权益，体现了权利与义务相一致的原则。

三　权力制约原则

权力如何分配和制约是法治国家权力结构的基本问题。能否实现法治，也取决于国家权力结构中是否实行分配和制约。之所以强调权力的分配和制约，是因为法治的目的就在于运用法律防止国家权力的专横、恣意和腐败，保障公民的权利和自由。这里所说的"权力制约"，是权力之间的相互制约，即让权力之间互相监督。权力制约原则特别强调对国家行政权力的制约，要求严格依法行政。原因在于行政机关即政府部门，执掌着大量日常公共生活的组织指挥权能，能够通过各种行政行为直接干预公民和社会组织的活动。行政权力行使的广泛性、主动性、强制性和单方面性等都使得对行政权力的约束成为法治的重点。

案例 2-3

某地一家化工厂因长期排放未经处理的废水和废气，严重污染了周边环境，影响了居民的生活质量和健康。居民们多次向当地环保局投诉，请求采取措施解决污染问题。然而，由于种种原因，环保局对化工厂的违法行为处理不力，没有有效制止污染行为的发生和继续。

不满于行政机关的处理结果，居民代表决定采取法律手段，向法院提起公益诉讼，要求法院判令环保局依法履行监管职责，同时要求化工厂采取措施消除污染，赔偿居民的损失。

经过审理，法院认定环保局未能有效执行其保护环境的法定职责，化工厂的污染行为也违反了环境保护的相关法律规定。最终，法院判决化工厂立即采取有效措施治理污染，并对受影响的居民进行赔偿；同时，责成环保局加强对化工厂的监管，确保其遵守环境保护的法律法规。

分析：在上述案例中，当地环保局未能切实有效地履行其环境监管职责，导致化工厂的污染长期得不到有效治理，居民们通过提起公益诉讼，利用司法途径来维护自己的环境权、健康权和财产权。法院的介入和最终判决体现了司法权对行政权的制约。通过判决要求化工厂赔偿和治理污染、命令环保局加强监管，展现了司法权在维护公民权利和公共利益、制约行政权力方面的重要作用。

四 正当程序原则

正当程序原则主要是针对国家公权力而言的，即国家机关在行使权力时，应当按照公正的程序采取公正的方法进行。它的理论根据主要是自然公正原则。自然公正原则要求，任何权力的行使都必须公正，对涉及当事人利益的事项作出裁判要听取当事人的意见，平等地对待各方当事人，不偏袒任何一方。在我国，随着全面依法治国方略的确立和实施，正当程序原则正在被广泛地应用到立法、行政、司法等社会生活领域。

　　某企业申请一项建设项目的环评批准，环保局在处理这一审批时，向社会公众公开了项目的相关信息，包括项目的性质、可能产生的环境影响等，确保公众有权了解和监督。在审批过程中，环保局组织了多场公听会，广泛听取社区居民、环保组织和其他利益相关方的意见和建议。最终，环保局决定批准该企业的建设项目，并以书面形式公布了这一决定，明确指出了建设项目的审批结果及其法律和事实依据，以及不同意见的当事人可以采取的法律救济途径。

　　分析：本案例中，正当程序原则确保了环保局行使公权力的过程公正、透明，强化了法律对行政行为的约束，保障了公民和社会组织的参与权和监督权，同时也增强了政府决策的合法性和社会的接受度。这不仅体现了法治原则中对程序正义的重视，也是全面依法治国、建设法治社会的具体体现。正当程序原则的实施，有助于提升公众对国家公权力的信任，促进社会公平正义的实现。

第三节

法治的价值导向

　　法治的价值导向在于结合法律与道德，以公平正义为核心，通过法治的力量维护社会秩序，保障人民的权利和自由，同时强调人民作为法治的主体。这些理念不仅体现了法治的理论内涵，也指导着法治实践的发展。

一　自由与平等

　　卢梭有言："人生而自由，但无往不在枷锁之中。"法律上的自由包括对自由的限制和保障。孟德斯鸠认为，在一个法治社会里，自由是做法律许可的一切事情的权利；如果一个人能够做法律所禁止的事情，他就不自由了，因为其他人也同样有这个权利。这就意味着：自由不可放纵，不存在法律之外的自由。在国家生活中，自由正是以法律的形式存在的。

法律与平等是一个历久弥新的话题。平等观念是历史的产物，在不同的时代有其不同的内容。现代的平等意味着一个国家的一切公民或一个社会的一切成员，都应当有平等的政治地位和社会地位。法律在确认社会成员平等的权利主体地位的基础上平等地分配权利义务。法律平等是实体权利上的平等，更是程序权利上的平等。所有人都要受法律的约束，同等情况同等对待，不同情况不同等对待。任何人无论在实体权利上还是程序权利上，都应平等，不享有法外特权。

案例 2 - 5

为了确保所有公民享有平等的投票权，A 国政府通过立法明确规定了对残疾人投票过程的特别关照。新法律要求所有投票站必须提供无障碍设施，包括轮椅通道、盲文选票以及为听力受损的公民提供的特殊投票设备等，确保每位公民都能自由和平等地参与到选举中。

分析：在本案例中，A 国政府通过立法保障了残疾公民的投票权利，使每个人的权利和选择都被尊重和保护，彰显了法治社会自由与平等的核心价值。法治不仅关注法律的形式公正，更注重实质公正和社会整体的福祉，确保每位公民都能在社会生活中享有平等的权利和自由。

二 公平与正义

公平正义是法律的精神与理论依据。公平正义作为法律的核心思想，起着指导法律制定和实施的作用，是衡量法律优劣的重要尺度和标准。所谓公平，是指按照一定的社会标准、正当的秩序合理地待人处事，包含公民参与经济、政治和其他社会生活的机会公平、过程公平和结果分配公平。所谓正义，是对政治、法律、道德等领域中的是非、善恶作出的肯定判断。正义以利益为依归，是对利益的正当分配，包括社会正义、政治正义和法律正义等。两者在内涵上有所不同：公平侧重于利益均衡，正义侧重于利益对等；正义有利于鼓励竞争，扬善抑恶，公平则有利于缩小差距，保持平衡。针对个人利益分配应注重正义，而社会宏观调控应注重公平。

　　某国不同地区、不同社会群体之间存在明显的教育资源差异。为了改善这一状况，确保每个孩子都能享有公平的受教育机会，该国立法规定了一项全新的教育政策。新政策突出强调了对边远地区和贫困社区学校的财政支持，通过改善教育设施，提高教学质量，确保所有儿童都能获得高质量的基础教育。同时，新政策还提出要为残疾学生、少数民族学生和低收入家庭的孩子提供额外的教育支持和资源，如特殊教育项目、奖学金和助学金等。

　　分析：在一个多元化社会中，教育资源的分配往往受到诸多因素的影响。在上述案例中，该国的新教育政策努力缩小不同地区教育资源的差距，力图实现每个孩子在教育上被公平对待，体现了过程公平和结果分配公平的价值导向。通过针对性措施支持那些处于不利位置的群体，对弱势群体的特别关注，体现了法治对社会正义和法律正义的追求。

三　人权保障

　　人权是作为人所应当享有的权利。人权保障指的是通过法律和制度来确保个人享有一定的基本权利和自由，如言论自由、宗教自由、公平审判的权利等，其基础是对个体尊严和自由的尊重。法治不仅要求法律的存在，更重要的是法律的公正实施和对个人基本权利的保护。

　　人权的权利范围与保护程度是一个国家进步与文明程度的表现，是不同类型国家的重要差别。国家由奴隶制国家向封建制国家、资本主义国家和社会主义国家过渡的过程，其实也是人权内容不断丰富、发展的过程。但是，并非任何时候、任何人都能实实在在地享有人权。侵犯人权的事件在任何时代都未绝迹。在法治国家中，人权能够获得相对较好的法律保障。法治国家与非法治国家的区别，并不是法治国家中没有侵犯人权的事件发生，而是法治国家侵犯人权的事件相对较少，且侵犯人权的事件一旦发生，即能获得依法处理。

　　一家大型制造工厂以极低的工资雇佣工人，在没有提供足够安全措施的情况下要求他们在危险的环境中工作，且工作时间远远超过了法律规定的标准。一些工人因此受到了严重的身体伤害，而工厂对此却没有采取任何补救措施。事件被曝光后，当地政府立即展开调查，依法审查工厂的劳动条件和工作环境。在确认了工厂的违法行为后，对工厂进行了法律制裁。相关负责人也因违反劳动法律而受到惩处。法院对受害工人的诉求进行了审理，判决工厂赔偿医疗费用及其他费用，以维护受害者的权益。此事件发生之后，当地政府加强了对劳动法律的宣传和教育活动。

　　分析：上述案例展示了法治国家在处理侵犯人权事件时的有效机制。与非法治国家相比，法治国家通过确立明确的法律规范、设立高效的司法程序和执行严格的法律制裁，为人权提供了较好的保障。这不仅体现了法治国家对侵犯人权行为的零容忍态度，也展现了法治对于预防人权侵犯、保护受害者权益以及促进社会正义和进步的重要作用。只有在法治的框架下，人权保障才能得到实质性的实现。

本章要点

☆ 法治是把法律置于至高无上的地位，将国家权力和社会成员的活动都纳入完备的法律规则系统的一种治国方略。

☆ 良法善治作为社会主义法治的核心要义和价值追求，是全面依法治国、实现国家治理体系和治理能力现代化的必然选择。

☆ "法制"是法律制度的简称，属于制度的范畴；法治本身不仅要求良法之治，而且还要求法律制度的完备性和体系性。法治可以涵盖法制的概念。

☆ 人治主要是指以统治者的主观意愿来管理社会事务的治理模式，相较法治，人治容易偏私。

☆ 法治的基本原则包括法律至上原则、权利保障原则、权力制约原则、正当程序原则。

☆ 法治的价值导向包括自由与平等、公平与正义、人权保障。

1. "法制"与"法治"的区别是什么？

2. 如何理解"良法是法治的基础"？

3. "法治"与"人治"的区别是什么？

4. 法治的基本原则有哪些？

5. 法治的原则可以应用到校园活动、班级活动中吗？

第三章
中国特色社会主义法治体系

【学习目标】

⚖ 素质目标

- ⊙ 树立法治观念，增强法治意识
- ⊙ 践行社会主义法治精神，恪守法治原则

📖 知识目标

- ⊙ 了解中国特色社会主义法治体系的概念与构成
- ⊙ 掌握"科学立法、严格执法、公正司法、全民守法"十六字
  方针内涵

📘 能力目标

- ⊙ 能够阐述立法的内涵、基本概念、内容
- ⊙ 能熟练运用司法的基本原则评价司法活动
- ⊙ 能判断生活中某一行为是否符合法律规定

法律是如何从一条条文字规定变成我们日常生活中的行为规范的？法律体系又是如何在一个国家内运行并发挥作用的？这些问题你思考过吗？完备的法律规范体系由宪法、法律、行政法规等多层次的法律规范构成，并且通过立法、执法、司法、守法各个环节彼此衔接，之后才构成了法治体系。中国特色社会主义法治体系，本质上是中国特色社会主义制度的法律表现形式。

　　建设中国特色社会主义法治体系，建设社会主义法治国家是全面推进依法治国的总目标。作为"早晨八九点钟的太阳"，我们必须深入学习贯彻习近平法治思想，掌握中国特色社会主义法治体系，坚定跟党走中国特色社会主义法治道路。

第一节

中国特色社会主义法治体系释义

一　法治体系的概念

　　法治体系是描述一国法治运行与操作规范化有序化程度，表征法治运行与操作各个环节彼此衔接、结构严谨、运转协调状态的概念，也是一个规范法治运行与操作，使之充分体现和有效实现法治核心价值的概念。

二　中国特色社会主义法治体系的含义

　　中国特色社会主义法治体系，指的是立足中国国情和实际，适应全面深化改革和推进国家治理现代化需要，集中体现中国人民意志和社会主义属性的法治诸要素、结构、功能、过程内在协调统一的有机综合体。

　　准确理解中国特色社会主义法治体系要把握如下几点。

（一）中国特色社会主义法治体系在构成要素上具有多样性

　　第一，中国特色社会主义法治体系由法治诸要素、结构、功能、过程等多元要素构成，这些要素从其存在形态入手可分为硬件要素和软件要素两大类。

　　第二，中国特色社会主义法治体系并不等同于法治诸要素相加之和，而是对法治诸要素进行组织、搭配和安排，从而实现法治结构的科学配置、有机统一。

第三，与法律体系不同，法治体系不是一个静止的存在，而是一个动态的过程，包括法律的制定、实施、监督和保障等阶段性过程的衔接。

第四，中国特色社会主义法治体系体现中国特色社会主义的本质属性，其形成在根本上是为了解决中国的实际问题。

(二)中国特色社会主义法治体系是中国特色社会主义制度体系的规范表达

法治具有相对的独立性，同时也具有鲜明的政治性；法治不仅要以相应的政策、组织和权力构架作为基础，而且其实现程度又受制于政治文明的发展程度；法治不仅为政治建设提供权力运行的规则和依据，而且是政治的规范化表达。因此，要把"中国特色社会主义制度"和"法治体系"作为一个整体看待。法治体系是中国特色社会主义制度在法治领域的表达方式，中国特色社会主义体现法治体系的本质属性。因此，建设中国特色社会主义法治体系，必须做到"七个坚持"：坚持中国共产党领导，坚持人民主体地位，坚持中国特色社会主义制度，坚持中国特色社会主义法治理论，坚持法律面前人人平等，坚持依法治国和以德治国相结合，坚持从中国实际出发。

(三)中国特色社会主义法治体系是社会主义法治国家的自觉构建

全面推进依法治国，总目标是建设中国特色社会主义法治体系，建设社会主义法治国家。前后两句话是一个整体，不能断章取义。那么，"两个建设"之间是什么关系呢？可以概括为：中国特色社会主义法治体系是社会主义法治国家的自觉构建。特色形成于解决问题的实践，中国特色社会主义法治体系既是法治的一般理论与中国法治实践特殊问题的结合，更是对社会主义法治国家的自觉构建。这种自觉构建，避免将资本主义与法治捆绑在一起进入西方范式陷阱，是立足中国国情创建本土化法治发展道路的实践，是针对需求回应问题、面向未来的法治探索。

第二节

中国特色社会主义法治体系的构成

建设中国特色社会主义法治体系是全面依法治国的总目标和总抓手。建设中国特色社会主义法治体系，就是"在中国共产党领导下，坚持中国特色社会主义制度，贯彻中国特色社会主义法治理论，形成完备的法律规范体系、高效的法治实施体系、严密的法治监督体系、有力的法治保障体系，形成完善的党内法规体系"[1]。

（一）完备的法律规范体系

法律规范体系是由宪法、法律、行政法规、地方性法规、自治条例、单行条例和规章等法律规范构成的规范体系。经过长期努力，中国特色社会主义法律体系已经形成，国家和社会生活各方面总体上实现了有法可依，但随着时代发展，我们要继续统筹谋划和整体推进立改废释纂各项工作，加快完善中国特色社会主义法律体系，使之更加科学完备、统一权威。具体来看，必须要从重点领域、新兴领域、涉外领域推进立法进程，同时科学推进各个法律部门的法典化进程。

（二）高效的法治实施体系

全面依法治国的重点是保证法律有效实施，构建起高效的法治实施体系。法律的生命在于实施，法律的权威也在于实施。形成高效的法治实施体系，一是要建立权责统一、权威高效的依法行政体制，二是要建设公正、高效、权威的中国特色社会主义司法制度，三是要健全全民守法的激励约束机制。

（三）严密的法治监督体系

法治监督体系是中国特色社会主义法治的重要保障。不关进制度的笼子，公权力就会被滥用，没有监督的权力必然导致腐败。建设中国特色社会主义法治体系，必须构建严密的法治监督体系，建设党统一领导、全面覆盖、权威高效的法治监督体系，健全权力运行的制约监督体系。

（四）有力的法治保障体系

法治保障体系包括法治正常运转所不可或缺的各种保障条件，如法治队伍、法治经费、技术因素等刚性约束条件，法治保障体系既是法治体系的重要组成部分，又是法治体系中最为基础的部分。

法治保障体系在中国特色社会主义法治体系中具有基础性地位，如果没有一系列的保障条件，全面依法治国就难以实现。形成有力的法治保障体系，必须加强政治、组织、队伍、人力、财力、科技、信息、物力等保障。

（五）完善的党内法规体系

党内法规体系是法治的基础和前提。党内法规体系是指由党章及相关法规、党的领导和党的工作方面的党内法规、党的思想建设、组织建设、作风建设、反腐倡廉建设方

---

[1]　习近平：《关于〈中共中央关于全面推进依法治国若干重大问题的决定〉的说明》（2014 年 10 月 20 日），载习近平：《论坚持全面依法治国》，中央文献出版社 2020 年版，第 93 页。

面的党内法规、党的民主集中制建设方面以及党的机关工作方面的党内法规构成的党内规范体系。

国家法律和党内法规既存在明显区别又具有紧密联系，既相对独立又相辅相成，既各有侧重又同频共振。要坚持依法治国和依规治党有机统一，确保党既依据宪法法律治国理政，又依据党内法规管党治党、从严治党。

以上五个子体系相互衔接、相互联系、相互作用，共同构成中国特色社会主义法治体系的总体框架。

第三节

中国特色社会主义法治体系的运行

《中共中央关于全面推进依法治国若干重大问题的决定》（简称《决定》）指出，建设中国特色社会主义法治体系，要实现"科学立法、严格执法、公正司法、全民守法，促进国家治理体系和治理能力现代化"。与党的十一届三中全会提出的"有法可依，有法必依，执法必严，违法必究"的十六字方针相比较，"科学立法、严格执法、公正司法、全民守法"这一新十六字方针有了新的发展，在立法上由"有无立法"问题转向强调立法的科学性问题，更加强调司法公正的价值和全民守法在法治建设中的重要性。"科学立法、严格执法、公正司法、全民守法"是全面落实依法治国基本方略的新方针，是建设中国特色社会主义法治体系的基本标准。

一 科学立法

（一）立法的概念

立法，是法的制定的简称，又称法的创制、法的创立，是指有立法权的国家机关或经授权的国家机关，依照法定的职权和程序，创制、认可、修改或废止法律和其他规范性法律文件的专门性活动，是掌握国家政权的阶级把自己的意志上升为国家意志的活动。在法学上，立法一词有广义和狭义两种解释。

广义的立法泛指有关国家机关按照法定的职权和程序，制定具有法律效力的各种规范性文件的活动。

狭义的立法仅指国家最高权力机关及其常设机关依照法定的权限和程序制定规范性

法律文件的活动。

案例 3-1

　　为了落实学校保护职责，保障未成年人合法权益，促进未成年人德智体美劳全面发展、健康成长，教育部 2021 年 5 月 25 日通过《未成年人学校保护规定》。教育部作为国务院的部门，其通过的《未成年人学校保护规定》属于部门规章，是广义的立法。

　　分析：为保护未成年人身心健康，保障未成年人合法权益，促进未成年人德智体美劳全面发展，1991 年 9 月 4 日，第七届全国人民代表大会常务委员会第二十一次会议通过《中华人民共和国未成年人保护法》。全国人大作为立法机关，其常委会通过的《中华人民共和国未成年人保护法》属于法律，是狭义的立法。

（二）立法的特征

1. 立法是国家的一项专门活动

现代国家的职能主要包括立法职能、行政职能、司法职能、监察职能等。其中立法职能是国家最为重要、最为根本的职能，是其他职能的基础和前提。立法是通过立法机构将统治阶级或人民的意志上升为国家意志的活动。

2. 立法的主体是特定的国家机关

立法活动是特定的国家机关依照法定职权进行的一项专门活动。立法权是国家权力体系中最重要的核心权力，立法只能由特定的享有立法权的国家机关来进行。立法活动就是行使立法权的具体过程和表现形式。

3. 立法是国家专门机关依照法定的程序进行的活动

在国家产生之初，由于立法尚未上升为国家的一项专门性和经常性活动，所以没有固定、严格的程序，随意性很大。随着立法活动的逐步规范，要求立法必须遵循一套固定、严格的程序，避免随意立法，以保证社会关系和社会秩序的稳定。因此，现代国家都注重立法程序的规范化、格式化。

4. 立法是特定国家机关运用专门技术的活动

立法者要制定出符合社会发展需要的法律规则，必须运用专门的技术，即立法技术。立法技术运用的高低，不仅影响法律的形式表达，而且直接关系立法效果的好坏。

5. 立法是一项系统性、多层次性的综合性法律创制活动

立法的形式和方式是多样的，包括创制新的法律规范，认可本来存在的某些社会规

我国现行的立法体制

我国现行的立法体制既不同于联邦制国家的二元或多元立法体制，也不同于单一制国家所采用的一元立法体制，而是综合了两种立法体制的一些特点，并结合我国的具体情况，确立的"既统一而又分层次"的立法体制。概括地说，就是在全国人民代表大会及其常务委员会统一行使国家立法权的同时，赋予国务院制定行政法规和省、自治区、直辖市、设区的市的人民代表大会及其常务委员会制定地方性法规的权限，还赋予民族自治地方制定自治条例和单行条例，以及经济特区所在省、市制定经济特区法规的权限。我国的立法体制既是统一的，又是分层次的。从性质上讲，行政法规是对国家法律的补充，地方立法是对中央立法（法律、行政法规）的补充，两者都是国家法律体系的组成部分。

范，修改、补充现存的法律规范以及终止某些法律规范的效力等。

6. 立法的目的在于产生具有普遍性、规范性、强制性的法律规范，将统治阶级或人民的意志上升为国家意志

立法是导致国家意志形成或变更的活动，不产生国家意志或者不改变法律内容的活动，不属于立法。

（三）立法的原则

1. 合宪和法制统一原则

立法要遵守宪法，要维护法制统一，这是维护和保障立法活动合法性的重要原则。合宪原则是指享有立法权的立法机关在创制法律的过程中，应当以宪法为依据，符合宪法的理念和要求，遵循宪法的基本原则。立法合宪性的要求具体还包括立法主体的合宪性、内容的合宪性和程序的合宪性等。

法制统一原则是指立法应当依照法定的权限和程序，从国家整体利益出发，维护社会主义法制的统一和尊严。它同时要求立法机关所创设的法律应内部和谐统一，做到法律体系内各项法律、法规之间相互衔接且相互一致、相互协调。法制统一的前提和基础是宪法，只有在严格遵守和维护宪法的前提下，才能保证法制的统一。

2. 民主原则

立法的民主原则，是指在立法过程中，要体现和贯彻人民主权思想，集中和反映人

民的智慧、利益、要求和愿望，使立法机关与人民群众相结合，使立法活动与人民群众参与相结合。立法的民主原则应该包括两个方面：一是立法内容的民主，二是立法过程和立法程序的民主。立法内容的民主是指立法必须从最大多数人的最根本利益出发，发扬社会主义民主，体现人民意志。立法过程和立法程序的民主，首先要求立法主体的产生要民主，其次是立法过程要公开，最后是立法主体的活动要民主，保障人民通过多种途径参与立法活动。

案例 3 - 2

2001 年 1 月 11 日，全国人大常委会办公厅全文公布了《中华人民共和国婚姻法(修正草案)》征求意见。截至同年 2 月 28 日，全国人大常委会办公厅共收到来信、来函、来电等 3 829 件。

分析：这是我国影响较为重大的一次法律全民讨论。这一立法过程，被称为"是 20 世纪末 21 世纪初中国人国家观念、法律观念、道德观念、婚姻家庭观念和性观念的一次大普查"，这体现了立法公开、立法民主。

3. 科学原则

立法活动应坚持从实际出发，尊重客观规律，维护和保障立法的科学性。立法不能脱离客观实际，不能凭主观臆想进行。从实际出发，首先要求立法要从现实国情出发，适应经济社会发展和全面深化改革的要求，其次要求立法要尊重和反映客观规律。

案例 3 - 3

2021 年 6 月 1 日儿童节，新修订的《中华人民共和国未成年人保护法》正式开始实施。它从家庭保护、学校保护、社会保护、司法保护、政府保护、网络保护六个方面为"少年的你"保驾护航。

分析：新增的网络保护顺应了时代发展的必然趋势，就是科学立法的重要体现。

立法的科学原则还要求法律制定过程中要注意法律规范的明确、具体，具有针对性与可执行性。这就要求立法不仅要在语言上具有明确性和严谨性，而且要在内容上具有针对性和可执行性。法律不明确，执法者的自由裁量权就会扩大，法律的权威和效能就会降低。

（四）我国法律的制定程序

1. 法律草案的提出

法律草案，亦称法律议案，是具有立法提案权的国家机关和人员向立法机关提出的关于法律的创制、认可、修改或废止的提案和建议。法律草案的提出是立法程序中的第一个步骤。《中华人民共和国全国人民代表大会组织法》规定，全国人民代表大会的代表团或 30 名以上的代表联名、全国人民代表大会主席团、全国人民代表大会常务委员会、全国人民代表大会各专门委员会、国务院、中央军事委员会、国家监察委员会、最高人民法院和最高人民检察院享有立法提案权。

2. 法律草案的审议

法律草案的审议是指立法机关为保证立法质量对法律草案的审查和讨论。法律草案的审议分为两个阶段：第一阶段，全国人大有关专门委员会进行审议；第二阶段，立法机关全体会议的审议。在审议法律草案的过程中，相应机关要对法律草案的立法动机、立法精神、立法技术以及法律草案与其他法律之间的协调性等问题进行审查。法律草案的审议结果主要有：提付立法机关表决、搁置、终止审议。

3. 法律草案的表决与通过

这是立法程序中具有决定意义的一个步骤。表决是有立法权的机关和人员对议案及法律草案表示的最终态度，包括赞成、反对或弃权。关于通过法律的法定人数，世界各国有不同的规定。我国宪法的修改，由全国人民代表大会以全体代表的 2/3 以上的多数通过；法律和其他议案由全国人民代表大会以全体代表的过半数通过。

4. 法律的公布

法律的公布是指立法机关或国家元首将已通过的法律以一定的形式予以公布，以便全社会遵照执行。法律的公布是法律生效的前提。法律通过后，凡是未经公布的，都不能产生法律效力。法律的公布必须由特定的机关或人员采取特定的方式进行。我国法律的公布权是由国家主席根据最高权力机关的决定行使的。

二 严格执法

（一）执法的概念

执法，又称法的执行，是法治社会中的一个重要环节。执法是指将制定的法律通过实际行动和具体措施来贯彻和实施的过程。简而言之，它是将法律从文字的抽象规范转化为现实生活中的具体行为，让法律在社会中真正发挥作用的过程。

执法包括广义和狭义两种理解。广义的执法是指一切执行法律、适用法律的行为，涉及国家行政机关、司法机关，以及法律授权、委托的组织及其公职人员依照法律规定的职权和程序实施法律的活动。狭义的执法专指国家行政机关和法律授权、委托的组织及其公职人员在行使行政管理权过程中，依照法律规定的职权和程序实施法律的活动。一般来说，日常生活中的执法是指狭义的执法。

法律的生命在于实施，法律的权威在于执行。在法治社会中，法的执行具有至关重要的意义。无论多么完善和公正的法律，如果不能有效执行，那么它们只是一纸空文，不能对社会产生影响。因此，法的执行是法律有效性的关键所在，要确保法律能够对社会行为产生规范和约束，从而维护社会公平、正义和秩序。

> **案例 3 - 4**
>
> 2023 年 5 月 29 日，儋州市市场监督管理局执法人员在位于那大镇万福集贸市场的吴某某水产摊检查时，发现现场摆放有 1 台正在使用的标识为"长城牌"的电子计价秤，执法人员将 0.500 千克（1 斤）标准砝码放在电子计价秤上，该秤显示为 1.150 斤。吴某某的上述行为违反《中华人民共和国计量法》第十六条和《海南自由贸易港反消费欺诈规定》第八条第一款规定，构成破坏计量器具准确度、实施缺斤短两经营的行为。儋州市市场监督管理局依据《中华人民共和国计量法实施细则》第四十六条和《海南自由贸易港反消费欺诈规定》第八条第一款规定，责令当事人改正上述违法行为并给予以下行政处罚：①给予警告；②没收扣押的电子计价秤 1 台；③罚款人民币 2 000 元整。
>
> 分析：根据法律规定，各级市场监督管理总局负责本行政区域内市场综合监督管理、组织和指导市场监管综合执法、监督管理市场秩序、统一管理计量等工作。在本案例中，儋州市市场监督管理局对那大镇万福集贸市场开展检查即属于狭义上的执法，保障了集贸市场的公平交易秩序。

（二）执法的特征

执法的特征是指执法活动所具有的独特属性，它们区分了执法行为与其他社会行为，如立法、司法和行政行为。执法的特征通常包括以下几个方面。

1. 执法的主体具有特定性

我国宪法规定，国家行政机关是国家权力机关的执行机关，国家权力机关制定的法律和其他规范性法律文件主要通过国家行政机关的日常职务活动来贯彻执行。因此，执法权是宪法和法律赋予行政机关的职权。目前，我国的执法主体可以分为三类。第一类是中央人民政府和地方各级人民政府及其公职人员。第二类是各级人民政府的下属机构及其公职人员，包括中央人民政府下属机构和地方各级人民政府下属机构。例如，公安、工商、环境保护、食品卫生、技术监督、教育等政府工作部门都享有执法权。这些政府下属机构根据法律规定，在自己的职权范围内行使执法权，从而实现行政管理。第三类是依法被授权的组织及其工作人员，主要包括法律授权和行政委托两种方式。日常生活中，法律授权的组织的执法有律师协会、红十字组织、自来水公司、居民委员会和村民委员会等。

案例 3 - 5

2015 年 3 月 13 日，A 大学学生赵某在参加期末考试时携带了具有发送或者接收信息功能的设备，考试期间被监考教师发现。随后，赵某承认考试过程中使用该设备检索了与考试内容相关的材料。学校按照本校《学生考试管理细则》《学生违纪处罚条例》的有关规定，对赵某给予开除学籍的纪律处分，并告知赵某不得申请毕业证和学位证。赵某决定以学校为被告，向北京市海淀区人民法院提起行政诉讼。

分析：在本案中，根据《中华人民共和国教育法》《中华人民共和国高等教育法》《中华人民共和国学位条例》以及《中华人民共和国学位条例暂行实施办法》的相关规定，国家实行学业证书及学位制度。首先，A 大学虽然不是行政机关，但其作为经国家批准设立的、由国务院授权的高等学校，法律法规授予了 A 大学颁发学生毕业证与学位证的法定职责，体现了执法主体的特定性要求。其次，根据《普通高等学校学生管理规定》的规定，A 大学作为高等学校具有相应的教育自主权，有权制定校纪、校规，对在校学生是否符合发放毕业证书的要求作出具体规定。A 大学在法律规定和授权的范围内，可以自行决定和直接实施执法行为，不需要行政相对人（即赵某）的同意，体现了执法活动的单方性。

2. 执法的内容具有广泛性

在现代社会，执法作为国家名义下对社会实行全方位组织和管理的行为，涵盖了社会、经济等各个方面。随着社会事务日趋复杂化和多样化，行政管理范围不断扩大，执法的范围也日益扩展，从经济到政治，从卫生到教育，从公民的出生到公民的死亡，对社会生活的影响越来越深刻。作为具有国家权威性的行为，执法根据法治原则，防止行政专横，行政机关必须严格依照立法机关制定的法律进行执法。

3. 执法的活动具有单方性

行政机关作为执法者，它代表国家在行政法律关系中处于支配地位，其决定和处分行为对该法律关系具有决定性意义。在法律规定和授权的范围内，可以自行决定并直接实施执法行为，无须行政相对人的同意。例如，工商行政机关依法对市场进行监督检查，环境行政机关依法命令企业遵守环境保护法规等。需要注意的是，行政复议、行政裁决、行政仲裁、行政调解、行政指导以及行政合同等部分执法行为并不具备单方性。

4. 执法的行为具有主动性

行政机关在进行社会管理时，应当以积极的行为主动执行法律、履行职责。在日常生活中，我们常常接触到的行政执法主要有交通警察执法、工商检查、税收稽查、食品药品安全监察、环境监察、水利执法、农业执法等。当然，有一些执法行为，行政机关不得主动去实施，需要当事人申请之后才能去实施。比如行政许可行为，就是行政机关需要根据公民、法人或者其他组织的申请，依法审查，准予其从事特定活动的行为。在日常生活中，机动车驾驶证申请、营业执照申请都是行政许可。对于行政许可行为，虽然执法机关在程序启动上是被动的，但是在审查和决定方面，执法机关仍然是主动的。

（三）执法的原则

执法的原则是指在执法过程中应当遵循的基本准则，这些原则有助于确保执法活动的合法性、公正性和有效性。

1. 合法性原则

执法的合法性原则，又称依法行政原则，是法治在执法活动中的具体体现。它是现代法治国家对执法的基本要求，也是执法最重要的一项原则。合法性原则要求行政机关在执法活动中必须依据法律规定的权限和程序进行管理，执法的主体、内容以及程序都必须合法。执法主体违法或者不当行使职权，应当依法承担法律责任。这一原则是确保行政活动权威性，防止行政权力滥用的重要保障。

2. 合理性原则

执法的合理性原则是指执法主体在进行执法活动，特别是行使自由裁量权时，必须保持适当、合理、公正，符合法律的基本精神和目的，具有客观、充分的事实根据和法律依据，与社会生活常理相一致。

行政机关的执法活动，事关千千万万老百姓的切身利益。行政管理涉及广泛而复杂

的领域，法律无法对每一个事项都进行具体规定，因此执法主体在许多情况下都具有一定的自由裁量权。为此，合理性原则要求执法主体在合法范围内行使自由裁量权。在行政活动中，合理性原则体现在以下几个方面。

（1）平等对待行政相对人。执法主体应公平、公正地对待行政相对人，不偏私、不歧视，对于实施了同样或类似行为的行政相对人，应给予公平对待和处理。

（2）符合法律目的，排除不相关因素的干扰。执法主体在行使自由裁量权时，应以法律精神为指导，排除不相关因素的干扰，确保行政决策的合理性和公正性。

（3）必要、适当的措施和手段。在执法过程中，所采取的措施和手段应当必要且适当，不得过度或不足，以确保行政目的的实现。

（4）多样方式实现行政目的，避免损害当事人权益。执法主体在行使自由裁量权时，可以采用多种方式实现行政目的，但应避免采取损害当事人权益的方式。

（5）遵循社会生活常理。当法律只有原则规定或没有规定时，执法主体应遵循与社会生活常理相一致的原则，公平合理地处理，符合当地的风俗。

3. 效率原则

执法的效率原则是指在依法行政的前提下，行政机关对社会实行组织和管理过程中，以尽可能低的成本取得尽可能大的收益，获得最大的执法效益。执法的效率原则强调以下几个方面。

（1）快速高效的执法活动。与国家立法机关、司法机关相比，行政机关的社会管理更加强调及时与高效。行政机关强调效率，要求执法主体及时响应行政相对人的请求，对各种行政事务及时作出反应。在实现国家行政职能时，执法主体必须严格遵守法定程序和法定时限执法，积极履行法定职责，提高办事效率。

（2）合法性和效率的平衡。效率原则是建立在合法性基础上的。追求高效率不能以牺牲合法性为代价，也不能损害行政相对人的权益。

（3）准确合理的执法行为。执法遵循效率原则还应做到执法行为的准确，避免出现不适当、不合理的执法，以免影响执法效率。执法主体应正确运用自由裁量权，迅速作出决策，以有效履行国家行政职责。

（4）协调合作。各执法主体要相互配合、相互协调，保证执法活动有序、正常进行。坚持清理规范行政检查事项，完善部门联合检查、随机抽查等常态化工作机制，合理安排检查频次，减少重复检查，增强行政检查实际效果。

　　B 市生态环境保护综合执法支队执法人员在某办事处附近利用无人机进行高空巡察，发现该市某建材有限公司院内物料露天堆放。执法人员随即与该公司总经理李某联系，进入该公司进行现场检查。检查时该公司未进行生产，公司院内物料露天堆放，既未覆盖，也未采取有效抑尘措施。之后，B 市生态环境局依据《中华人民共和国大气污染防治法》第一百一十七条第（一）项、第（二）项的规定，参照《湖北省生态环境行政处罚裁量基准规定》，对该公司依法下达行政处罚决定书，责令该公司立即改正违法行为，并处以人民币 22 000 元罚款。

　　分析：在本案中，B 市生态环境保护综合执法支队先利用非现场监管手段锁定证据，再联动执法人员现场检查，发现问题及时查处，提高了执法人员办案效率。

（四）执法的价值

　　法治兴则国兴，法治强则国强。法治是人类文明进步的重要标志，是治国理政的基本方式，是中国共产党和中国人民的不懈追求。全面推进依法治国，重点就在于保证法律严格实施，做到严格执法。

1. 执法是全面推进依法治国、建设社会主义法治国家的基本要求

　　党的十八届四中全会通过的《中共中央关于全面推进依法治国若干重大问题的决定》提出，全面推进依法治国的总目标是"建设中国特色社会主义法治体系，建设社会主义法治国家"。行政执法机关作为依法治国的实施者、推进者和捍卫者，承担着确保法律得以有效实施的重要使命。在国家法治战略中，行政执法机关在维护社会秩序、保障公共利益以及维护社会稳定方面发挥着不可替代的作用。行政执法机关的执法能力和水平直接关系到国家法治形象和法治建设进程。高水平的执法机关能够有效维护社会秩序，保障公民权益，树立政府的法治形象，从而促进国家法治文明程度的提高。

2. 执法是维护国家法律权威、提升执法公信力的有效措施

　　在法治国家中，法律是统治的基础，执法机关是法律的执行者。通过执法行为，执法机关体现了法律的权威和尊严，维护了法律的尊严。各级政府必须坚持依法行政，恪守"法定职责必须为、法无授权不可为"的准则，把政府活动全面纳入法治轨道。只有坚持严格规范公正文明执法，做到执法要求与执法形式相统一、执法效果与社会效果相统一，才能不断提升执法公信力，维护国家法律权威。

3. 执法是促进社会公平正义、维护社会和谐稳定的基本保障

行政执法作为法治政府建设的"最后一公里"，直接关系着人民群众的利益。执法机关在执行过程中要坚持公正、公平、公开的原则，依法处理每一个案件，对任何违法行为都要依法追究责任，确保每个人都受到同等对待。如果执法不严格、不公正，导致执法不一致，或者存在人情、金钱等不相关因素的干扰，将造成社会公平正义的缺失，引发广泛的社会矛盾，进而影响社会的和谐稳定。随着我国民主法治建设深入推进，人民群众法律意识、权利意识日益增强，对实现社会公平正义的要求也越来越迫切。这使得行政执法机关必须紧紧围绕促进社会公平正义和维护社会和谐稳定的核心目标，通过严格规范、公正文明的执法方式，提升执法水平。只有通过执行法律，对违法行为进行制裁，维护社会秩序，才能确保社会的稳定，从而创造安全稳定的社会环境、公平正义的法治环境。

 **公正司法**

(一)司法的概念

司法，又称为法律适用，有广义和狭义之分，在广义上是指行政机关和司法机关执行法律的活动；但通常情形下，我们所说的司法，是狭义上的司法，是指国家司法机关依据法定职权和程序，具体应用法律处理各种案件的专门活动。这种专门活动是以国家名义实现其司法权的活动，对实现立法目的、发挥法律的功能具有重要意义。

(二)司法的特征

不同于国家行政机关、社会组织和公民实施法律的活动，司法活动具有以下重要特征。

1. 专属性

不同于公民和其他社会组织实施法律的活动，司法是国家专门机关及其公职人员依法实施法律的专门活动。司法是以国家名义行使司法权的活动，司法权只能由专门的司法机关及司法人员行使，其他任何组织和个人都无权行使此项权力。在我国，行使司法权的国家机关是人民法院与人民检察院。

2. 专业性

随着社会的不断发展与司法实践的多样化、复杂化，为了确保司法决策的公正性和准确性，司法人员通常要求具有精深的法律专业知识和丰富的实践经验。

3. 程序性

司法程序是由专门程序法予以规定，程序性是司法最重要、最显著的特点，司法活动只有遵循一定的法律程序和规定，才能确保案件得到公正的审理。司法程序的目的是确保案件的公正和透明，保障当事人的法律权益，维护司法权威和法治原则。

4. 权威性

司法以国家强制力为保障，通过国家强制力保证其裁判的执行，其权威性是法治社会的基石，司法机关所作出的裁决是具有法律效力的裁决，任何组织和个人都必须执行，不因所涉及的公民、社会团体或者国家机关及其负责人的意志而转移，不受其干涉，所有人都必须服从。

5. 中立性

司法机关应该保持客观中立的态度，在每一个司法裁判中不偏不倚地对待各方当事人。例如，在解决矛盾、纠纷的过程中，法官不能偏向争讼的任何一方，在整个诉讼过程中，必须秉持客观、中立的立场，以法律和事实为标准进行判断。

6. 终局性

与立法权、行政权所作出的决策的效力待定不同，司法机关行使司法权作出的决策

判断的效力往往是既定的、终局的。司法的终局性体现在司法机关依法对案件作出的裁定或判决，非依法律明确规定，不得对其进行改变。

（三）司法的原则

司法的基本原则是指导司法活动的一系列基本准则，这些原则确保司法程序的公正性和合法性，保障当事人的权利，维护法律的权威和尊严。

1. 司法法治原则

司法法治原则，即以事实为依据，以法律为准绳。在我国，司法活动必须贯彻"以事实为依据，以法律为准绳"的方针，我国三大诉讼法都对司法法治原则作出了相应的规定。

（1）以事实为依据。这是指司法机关在审理案件的过程中，在适用法律时必须从案件的实际情况出发，尊重客观事实，不能以主观臆断为依据，也不能以任何主观想象、分析和判断作为处理案件的依据。法理上，人们普遍认为，以事实为根据的"事实"是指被合法证明了的事实和依法推定的事实。前一种事实属于客观事实的范围，是已经被具有证明力、合法的证据所确定的事实。后一种事实是在案件无法查明，依照法律中规定的有关举证责任和法律原则推定的事实。尽管推定的事实和客观事实可能存在差异，但是在法律中能够起到同样的法律效果。

（2）以法律为准绳。这是指司法机关在司法活动中要严格按照法律的规定办事，把法律作为处理案件的标准，无论是在处理民事、刑事还是行政诉讼案件时，法律都是唯一的尺度。在查办案件的全过程中，都要严格遵守法律的有关规定及相关因素，确定案件的性质，作出公正合理的裁决。裁判者只能依照法律的规定进行适用，没有批评法律的权能，即使现实的法律是恶法，也只有适用的义务，不能因抗辩事由拒绝适用。这意味着在整个司法活动中，尤其是在审理案件的过程中，法律是最高的标准，是社会主义法治建设对司法提出的必然要求。

2. 司法公正原则

司法公正原则是指司法机关及其司法人员在司法活动的过程和结果中应该坚持和体现公平正义。司法是维护社会公正的最后一道防线，公正是法治的生命线，法律的正义价值在司法中的直接体现就是司法公正，英国哲学家培根也曾经说过："一次不公正的审判，其恶果甚至超过十次犯罪。因为犯罪虽是无视法律——好比污染了水流；而不公正的审判则是毁坏法律——好比污染了水源。"

司法公正是社会正义的重要组成部分，其内涵主要包括以下几个方面。

首先，实体公正与程序公正相统一。实体公正是指司法裁判的结果公正，当事人的权益得到保障，违法犯罪者受到制裁和惩罚。程序公正是指司法过程的公正，司法机关应当严格遵守法律法规，司法程序具有正当性，当事人在司法过程中得到公正的对待。司法机关过于追求实体公正，而排斥程序公正的行为，必须坚决予以纠正；反之，过于追求程序公正，而忽视了实体公正，引起裁判结果的不公的行为，也必须予以遏制。程序公正是实现实体公正的前提，没有程序公正的保障就没有实体公正的实现。

案例 3 - 7

　　1994 年 6 月 12 日，前美式橄榄球运动员辛普森的前妻及餐馆侍应生被利刃割喉致死，警方在案发现场发现了两名被害人及辛普森的血迹，也发现了辛普森的头发和一只血手套。随后，美国警方在辛普森住宅外发现其白色汽车上的血迹，按铃无人回应后，警方爬墙而入，在其住宅内发现了一只与案发现场属于同一副的血手套和其他证据。而辛普森在此案发生后不久，急速地离开洛杉矶，遭到警察追捕。尽管辛普森深陷用刀杀害前妻及餐馆侍应生两项一级谋杀罪的指控之中，但是因为警方取证的几个重大失误导致证据无效，最后辛普森以无罪获释。

　　分析："美国辛普森杀妻案"中反映了司法公正中程序公正的重要性。辛普森最终无罪获释，仅受到民事处罚的结果在当时很难被人所接受。这是因为大多数人对于司法裁判结果公正性的重视程度远远超过程序公正。事实上，审判机关坚持程序公正与实体公正并重之举才是保证司法公正，甚至是保障社会法治建设的关键所在。

3. 司法平等原则

　　《中华人民共和国宪法》规定："中华人民共和国公民在法律面前一律平等。"司法平等原则是法律平等原则在司法活动中的具体表现，也是我国宪法中"公民在法律面前一律平等"在司法上的体现。

　　在司法领域中，"公民在法律面前一律平等"的基本含义主要包括：首先，司法机关及其司法人员在处理案件、行使司法权时，对于任何公民，不论民族、种族、性别、职业、宗教信仰、受教育程度、财产状况、居住期限等因素存在什么差别，也不论其出身、社会地位和政治地位有什么不同，在适用法律上一律平等，不允许任何人享有特殊权利。其次，司法的目的是让所有公民都享有同等的权利和承担同样的义务。任何公民的合法权利一律平等地受到法律保护；对于任何公民的违法犯罪行为，都必须同样地追究法律责任，并给予相应的法律制裁；不允许有不受法律约束或者凌驾于法律之上的特殊公民，超出法律之外的特殊待遇都是违法的。最后，公民的诉讼权利应当平等，所有的诉讼参与人都应当被平等、公平地对待，切实保障诉讼参与人依法充分行使诉讼权利和履行诉讼义务。例如，在民事和行政诉讼中要保证诉讼当事人享有平等的诉讼权利，不能偏袒任何一方当事人。在司法程序上，也同样不允许公民超越程序法的规制，不能拥有超越程序法之上的特权，任何人都不得例外。

4. 司法机关依法独立行使职权原则

司法机关在办案过程中，依照法律规定独立行使职权，不受行政机关、社会团体和个人的干涉。我国宪法、刑事诉讼法、民事诉讼法和行政诉讼法都对司法机关依法独立行使职权作出了明确的规定。《中华人民共和国宪法》第一百三十一、一百三十六条规定，人民法院、人民检察院依照法律规定独立行使国家的审判权和检察权，不受行政机关、社会团体和个人的干涉。这项原则的含义包括：首先，司法权只能由国家司法机关统一行使，其他任何机关、团体和个人都无权行使此项权力；其次，人民法院、人民检察院依照法律独立行使自己的职权，不受其他行政机关、团体和个人的干涉；最后，司法机关在处理案件时，必须依照法律规定，准确地适用法律。

美国法学家亨利·米斯认为："在法官作出判断的瞬间被别的观点或者被任何形式的外部权势或压力所控制和影响，法官就不复存在……法官必须摆脱不受任何的控制和影响，否则便不再是法官了。"在司法活动中，司法机关必须坚持独立行使司法权。只有司法机关能够依法独立行使职权，才有利于维护国家法制的统一；只有把司法权赋予国家司法机关专门行使，才能保证国家权力的统一，才能有力保障公民的权利与自由。司法权的独立行使与严格执法和公正审判息息相关，只有坚持司法权独立行使，才能确保审判机关与司法机关可以发挥正常的职能，保证处理案件的客观公正。如果司法机关不能依照法律公正地审理案件，而是听从于其他机关、团体和个人的肆意指挥，司法机关就会变为某些个人徇私枉法的工具。

2019 年 10 月，时任保山市中级人民法院院长的吴某某接受当事人请托，在勐腊县人民法院办理一偷越国（边）境案件中，向案件承办人说情、打招呼。另查明，吴某某在任西双版纳州中级人民法院副院长期间，接受案件当事人亲友请托，在一起涉黑案件审判中，违背事实与法律，授意案件承办人不予认定一审法院认定的黑社会性质组织犯罪，并在审委会讨论时发表引导性意见，最终导致二审法院否定该案系黑社会性质组织犯罪，使得涉案人员获得轻判。目前，吴某某受到开除党籍、开除公职处分，其涉嫌犯罪问题，已移交司法机关处理。

分析：通过该案例的学习和反思，我们更加深刻认识到只有始终坚持司法机关依法独立行使职权，才能排除非法干扰、防止特权，保证司法的平等和公正。为进一步保障司法机关依法独立行使职权，需要不断完善法律制度，对各类干预行为进行依法治理。

5. 司法责任原则

司法责任原则，是指司法机关及其工作人员在行使司法权的过程中侵犯了公民、法人和其他社会组织的合法权益，造成严重后果而应当承担责任的一种原则。

司法责任原则的法理基础是国家机关的权力与责任相统一。司法机关和司法工作人员接受人民的委托，行使国家的司法权，同时担负着重大的职责。《中华人民共和国国家赔偿法》中规定了国家赔偿请求权，即国家机关和国家机关工作人员违法行使职权而侵犯公民的合法权益时，受害人有取得国家赔偿的权利；《中华人民共和国法官法》《中华人民共和国检察官法》也明确了司法责任制度：一方面，司法机关及其工作人员行使司法权具有法律依据和保障，如法官有审理案件的权力；另一方面，对司法机关及其工作人员的违法和犯罪行为也要给予严惩，如法官应对办案质量终身负责，对错案负有终身责任。

当代中国在深化司法体制改革的过程中全面落实司法责任制，努力让人民群众在每一个司法案件中感受到公平正义，而其中司法责任制改革被视为司法体制改革的关键。司法责任制改革作为必须紧紧牵住的"牛鼻子"，针对"审者不判，判者不审"问题对症下药，明确要求法官和检察官对案件质量终身负责。司法责任原则通常在司法机关审理案件中体现。将司法权力同司法责任相结合，对司法过程中的违法行为进行法律制裁，增强司法机关和司法工作人员的责任感，都有利于维护司法的威信和法律的权威与尊严。

　　2004 年 11 月，河南省商丘市民权县两名幼童食物中毒，一死一伤，同村村民吴春红被认定为凶手。在此后的三年时间里，商丘市中院三次以故意杀人罪判处吴春红死缓，河南省高院三次裁定撤销原判，发回重审。2008 年，商丘市中院第四次开庭判处吴春红无期徒刑。从此，吴春红和家人走上了多方申诉的漫漫长路。直到 2018 年 9 月，最高人民法院指令河南省高院再审吴春红案。2020 年 2 月 24 日，河南省高院作出再审判决，撤销一审、二审判决，宣告吴春红无罪。同年 6 月，吴春红向河南省高院申请国家赔偿。8 月，河南省高院下达《国家赔偿决定书》，决定赔偿吴春红侵犯人身自由赔偿金 194 万余元，精神损害抚慰金 68 万元，并向吴春红赔礼道歉。此后，吴春红认为赔偿金额偏低，向最高人民法院提交了国家赔偿申请复议书，最终最高人民法院决定将原来 68 万元精神损害抚慰金提高至 120 万元。

　　分析：新时代推动法治进程 2021 年度十大案件之一——吴春红申请再审无罪赔偿一案历时十余年，经十一次审理，终于以无罪判决告终。应当说，河南省高院作出的无罪再审判决的结论以及国家赔偿的决定无疑都是非常可取的，也对当代中国全面落实司法责任制和建设司法职业伦理体系起到了促进作用。

四　全民守法

（一）守法的概念

　　法的遵守可以从广义和狭义两个方面来理解。广义上的法的遵守就是法的实施。所谓法的实施是指法律在社会生活中被人们实际施行，即在社会生活中通过执法、司法、守法活动来实现对法律的实际施行。生活中的执法活动通常是由政府部门作出的，比如交通警察对道路上违法驾驶机动车的人员进行处罚，市场监管部门工作人员依法对违法经营的商贩进行行政处罚。进行司法活动的主体主要包括人民检察院和人民法院两大部门，比如检察院依法对涉嫌犯罪的人员提起公诉、法院对涉嫌犯罪的人员作出判决。此外，需要格外注意，与人们通常认为公安机关属于执法机关的理解不同，它还承担着一部分的司法职能，与检察院、法院分工配合，完成司法活动。以上这些都属于法律的实施，也就是广义上的守法。

案例 3 - 10

　　某日，A 市城市管理行政执法局的执法人员依法巡查当地城市道路时发现，一处人行道上停放着大量的共享单车，严重影响了行人正常通行。执法人员通过现场查勘、拍照取证及录像，最终锁定当事人为 B 公司。随后，执法人员针对该公司未经审批擅自投放共享单车占用城市道路的违法行为，依据《城市道路管理条例》之规定，依法对 B 公司的违法行为处以罚款人民币 8 000 元整的行政处罚。

　　某日凌晨，张某喝醉酒后来到李某家，用随身携带的一把菜刀砸李某家大门。李某的妻子听到敲门声后，没有多想便打开房门，发现张某手里拿着菜刀，顿时瘫倒在地。张某遂用菜刀砍中李某妻子脸部。当张某要再次砍向李某妻子时，李某闻讯赶到，将张某推开，并上前拳击张某的胸部等部位，二人扭打在地，最终李某将张某打成轻伤。当地法院认为李某致张某轻伤的行为不构成故意伤害罪，应属于正当防卫，判决李某无罪。

　　分析：在上述两则案例中，政府部门执法人员面对违法占用城市道路的情况，依法执法的行为和司法机关准确认定李某的制止不法侵害行为的性质，公正司法的行为都属于广义上的守法。

　　狭义上的法的遵守，通常也被人们称为守法，特指公民、社会组织和国家机关以法律为自己的行为准则，依法行使权利、履行义务的活动。在此，守法包括积极守法和消极守法。积极守法是指守法主体积极用法、护法。当自身权利受到侵害时，依靠法律来解决问题，维护自己的合法权益，同时看到违法行为，敢于斗争，勇于维护法律权威，捍卫法律尊严。而消极守法也被称作不违法，也就是守法主体在日常生活和工作中严格遵守法律规定，做到不违法。

案例 3 - 11

　　2018 年夏天，王女士为了让自己的孩子学会游泳，特意到 B 公司经营的游泳馆进行办卡消费，并预存了 3 万元的费用。2019 年末，该游泳馆即处于闭店状态，后该公司承租场地合同到期终止，不再继续经营。王女士与 B 公司经理协商退款事宜无果后，便将 B 公司诉至法院，请求 B 公司退还剩余服务费用。最终当地法院依法判决 B 公司向王女士返还剩余预付款。

16 岁的学生小周由于学习成绩差，而且讨厌被学校和老师约束，便旷课回家。闲散在家的时候，认识了"段大哥"。段大哥有很多朋友，经常带着小周到处吃饭、唱歌，小周也很享受这种无拘无束的生活。有一天，段大哥说带小周去偷车赚大钱，小周害怕失去段大哥这个"好朋友"，但一想到偷东西是违法行为，会受到法律的严厉制裁，便拒绝了段大哥的邀请。于是段大哥孤身一人去偷车，最终被人发现，受到了法律的制裁。

分析：在上述两则案例中，王女士面对商家的侵害消费者合法权益的行为，没有坐以待毙，而是积极运用法律来维权，属于积极守法的行为。小周没有主动揭发朋友的违法犯罪行为，面对邀请，小周也没有失去理智，严格遵守法律规定，不去偷车，小周的这一行为属于消极守法。在现实生活中要做到全民守法，不仅要依靠不违法来实现，还要积极运用法律，与违法行为做斗争。

(二)守法的原因和状态

1. 守法的原因

公民为什么要守法？因为法律是人类社会发展到一定阶段的产物，是不以人的意志为转移的；同时，具体法律的制定，又是人的有意识活动的结果。因此，无论从客观方面还是从主观方面来说，守法都是必然的结论。

具体到日常生活中，公民遵守法律，还有更为具体的原因。

(1)习惯原因。出于习惯而守法是一个重要原因。社会现状就是现存的社会物质生活条件，亦即现存的经济、政治、文化等社会生活。这些社会生活发展到一定阶段，产生了需要法律调整的要求。在一般情况下，这种要求通过立法程序成为法律。这种社会现状是人们实际的生活内容，无论是否有法律来调整，人们都习惯于这样生活。因此，反映这种现状的法律自然很容易被人们遵守。此外，从人的成长历程来看，人们从出生开始，就被教导要遵守法律，遵守法律已经成为人们日常生活习惯的一部分。

(2)畏惧原因。许多人是因为害怕法律的惩罚而守法。从人的心理角度看，人人都有"趋善避恶"的倾向，而法律这种社会规范的一个主要特点就是它的强制性。在一个法律完备且秩序井然的社会，如果有人违法，就一定会受到或轻或重的惩罚。因此，畏惧法律，遵纪守法就成为人们对待法律的主要态度。

(3)利益原因。从利益的角度来看，人们守法或者违法，都是出于一定的利益目的。

从全社会来说，要求人们守法，是为了营造一个有序的环境，有序的环境有利于社会利益的实现。从个人的角度来看，合法的行为，一般会使个人利益长久化、稳定化。许多合法行为，甚至可以带来直接的利益（比如对于见义勇为者的奖励）。这不但是法律逻辑的必然结论，也为人们的生活经验所证明。

（4）道德原因。人们在谈论法律时，往往把它和道德进行比较。作为人们的行为规范，法律和道德确有很大的不同。合法行为不一定就是道德的，如合法的剥削；而违法行为不一定是不道德的，如劫富济贫。而同时，人们又把守法作为道德现象来看待，如人们说某个官员奉公守法，某个老百姓是守法公民，这就是一种道德评价。法律也被人们视作是最低限度的道德。一个完

知 识 链 接

守法的要素

守法这一概念中包含守法主体、守法范围和守法内容三个要素。

守法主体是指一个国家和社会中应当遵守法律的主体。根据我国宪法的规定，守法的主体包括一切国家机关、武装力量、政党、社会团体、企业事业组织，中华人民共和国公民，在我国领域内的外国组织、外国人和无国籍人。

守法范围是指守法主体应该遵守的行为规范的种类。在我国，守法之"法"要从广义的理解，它不仅包括各种规范性法律文件，还包括具有法律效力的非规范性法律文件，如依法作出的决议、命令、判决、裁定等。

法律的内容主要涉及权利与义务两方面。守法内容就包括履行法律义务和行使法律权利。

全守法的人，虽无多么高尚的行为，但可以算是一个合格的人。

（5）社会压力原因。当所有人都选择遵守法律，人们就会对违法行为进行谴责，那些想要违法的人也就因此迫于压力，作出了守法行为。

（6）基于合法性的认知。因为法律是按照法定程序进行制定的，具有合法性和权威性，所以人们相信法律是合法的，并因此遵守它们。

2. 守法的状态

守法的状态是指人们对法律的遵守能够达到何种程度，主要包含三种类型，分别是守法的最低状态、守法的中层状态和守法的高级状态。

守法的最低状态是不违法犯罪。守法的中层状态是依法办事，形成统一的法律秩序。守法的高级状态是守法主体不论是外在的行为，还是内在动机都符合法的精神和要求，

严格履行法律义务，充分行使法律权利，从而真正实现法律调整的目的。

虽然人们守法的状态往往受到多种条件的影响和限制，比如守法主体的心理状态、守法意识以及守法主体所处的社会环境等等，但是我们应当克服一切困难阻碍，积极去追求守法的高级状态。

（三）全民守法的意义

守法与执法、司法共同作为法律实现的重要环节，具有重要的意义。古语有云，"治之经，礼与刑，君子以修百姓宁。明德慎罚，国家既治，四海平"，"国无常强，无常弱。奉法者强则国强，奉法者弱则国弱"。亚里士多德也曾经说过："虽有良法，若是人民不能全都遵守，仍不能实现法治。"可见，守法历来为法治运行的重要环节，是任何形式法治运行的自然要求，很好地验证了全民守法的重要价值。认真遵守法律是广大人民群众实现自己根本利益的必然要求。在社会主义中国，法律体现了工人阶级领导的全体人民的共同意志和根本利益。换言之，只有严格遵守法律，才能使人民的根本利益得到实现，才能真正实现立法的目的。

1. 全民守法是建设法治国家的基础

全面推进依法治国是一项系统性工程，全民守法是其中一个重要环节。全面推进全民守法，有助于推进依法治国、依法执政、依法行政和法治国家、法治政府、法治社会一体化建设。

2. 全民守法是维护社会良好秩序的保障

守法有助于维护社会的稳定，促进社会和谐发展。法律的存在旨在规范人们的行为，维护社会的正常运转。法律确保人们在相互交往中遵守规则，防止争端和纠纷的产生。假设没有法律的约束，社会将陷入混乱和无序，导致安全和稳定的缺失。而守法意味着遵守法律，遵守社会规范，因此有利于维护社会秩序的正常运转。

3. 全民守法是促进个人自身发展的前提

个人的发展需要一个公平正义的环境，恰恰守法在保障公平正义方面起着重要作用。法律是公正的准绳，它确保每个人平等地受到对待和保护，从而减少不公平现象的发生。此外，守法有利于培养良好的道德品质和价值观。通过遵守法律，人们学会尊重他人的权利和自由，改善人际关系，促进彼此间的沟通和合作。因此，只有在守法的基础上，才能逐渐实现公民综合素质的提升。

本章要点

☆ 中国特色社会主义法治体系，指的是立足中国国情和实际，适应全面深化改革和推进国家治理现代化需要，集中体现中国人民意志和社会主义属性的法治诸要素、结构、功能、过程内在协调统一的有机综合体。

☆ 建设中国特色社会主义法治体系，重点在于形成完备的法律规范体系、高效的法治实施体系、严密的法治监督体系、有力的法治保障体系，形成完善的党内法规体系。

☆ "科学立法、严格执法、公正司法、全民守法"是全面落实依法治国基本方略的新方针，是建设中国特色社会主义法治体系的基本标准。

☆ 立法，是法的制定的简称，又称法的创制、法的创立，是指有立法权的国家机关或经授权的国家机关，依照法定的职权和程序，创制、认可、修改或废止法律和其他规范性法律文件的专门性活动。

☆ 执法，又称法的执行，是指将制定的法律通过实际行动和具体措施来贯彻和实施的过程。

☆ 司法，又称为法律适用，有广义和狭义之分。狭义上的司法，是指国家司法机关依据法定职权和程序，具体应用法律处理各种案件的专门活动。

☆ 守法包括积极守法和消极守法。积极守法是指守法主体积极用法、护法。消极守法也被称作不违法，也就是守法主体在日常生活和工作中严格遵守法律规定，做到不违法。

思考与练习

1. 中国特色社会主义法治体系的构成包括哪些内容？

2. 我国的立法体制是什么？

3. 如何理解执法在法治社会中的作用？

4. 我国人民法院与人民检察院的司法功能有什么不同？

5. 为什么要坚持全民守法？

第四章
宪　法

【学习目标】

素质目标

- 培养崇敬宪法、遵守宪法、热爱宪法的意识
- 培养自觉维护宪法权威、捍卫宪法尊严、弘扬宪法精神的意识

知识目标

- 了解我国宪法规定的国家基本制度
- 熟悉我国国家性质和政权组织形式的内涵
- 掌握宪法的概念与特征的内涵、公民基本权利与义务等内容

能力目标

- 能概述我国宪法规定的基本制度
- 能明晰宪法规定的基本权利与义务
- 能概述我国国家机构的组成及其权责

当你看到新闻中提到国家的法律法规时，是否想过这些法律的根本依据是什么？答案就在于宪法——国家的根本大法。那么，宪法为何如此重要？它具体包含了哪些内容？

宪法作为国家的根本大法，为国家的稳定与发展提供了坚实的基础。它不仅规定了国家的基本政治、经济、社会、文化、生态等制度，还详细列出了公民的基本权利和义务。此外，宪法还详细规定了国家机构的构成及其职权。作为中华人民共和国公民，我们应深刻认识宪法的重要性，自觉遵守宪法规定，树立宪法至上的意识。

第一节

宪法的基本理论

我国宪法规定了国家的根本制度和根本任务，是国家的根本法，具有最高的法律效力。宪法的主要内容包括以下几个方面：首先，宪法确认了我国的国家性质，明确规定了中华人民共和国是工人阶级领导的、以工农联盟为基础的人民民主专政的社会主义国家。这一规定确立了我国的国体和政体，为国家发展奠定了坚实的政治基础。其次，宪法规定了我国基本的国家制度和社会制度，包括社会主义经济制度、政治制度、文化制度、社会制度、生态制度等。这些制度的确立，为国家的发展提供了全面的制度保障。再次，宪法明确规定了公民的基本权利和义务，包括平等权、人身自由、言论自由、选举权和被选举权等权利以及劳动、纳税等义务。这些权利和义务写入宪法，为公民权利保障和义务履行提供了最根本的保证。最后，宪法还规定了国家机构的组织和职权，包括全国人民代表大会、国家主席、国务院、中央军事委员会、地方各级人民代表大会和地方各级人民政府、监察委员会等。这些机构的确立和职权的划分，既保证了国家权力的正常运行，又限制了国家权力的行使边界。

总之，我国宪法是一部具有中国特色的社会主义宪法，它规定了国家的根本制度和根本任务，限定了国家机关的职权，保障了公民的基本权利和自由，为国家的发展提供了有力的根本法保障。

一 宪法的特征

宪法是确立公民权利保障和国家机构权限的根本法。与普通法律相比，我国宪法具有以下主要特征。

(一)在内容上，我国宪法规定了国家最根本、最重要的问题

普通法律规定的是国家社会生活中某一方面的内容，而宪法规定了国家的根本制度、国家性质、政党制度、政权组织形式、国家机构组成与职责、经济制度、文化制度、公民基本权利与义务等。这些内容是我国国家生活或社会生活中最根本、最重要的内容。

(二)在效力上，我国宪法具有最高的法律效力

宪法序言写道："本宪法以法律的形式确认了中国各族人民奋斗的成果，规定了国家的根本制度和根本任务，是国家的根本法，具有最高的法律效力。全国各族人民、一切国家机关和武装力量、各政党和各社会团体、各企业事业组织，都必须以宪法为根本的活动准则，并且负有维护宪法尊严、保证宪法实施的职责。"

首先，宪法是普通法律制定的基础和依据①，普通法律的内容不得与宪法的内容和原则相抵触，否则普通法律全部无效或者抵触的部分无效。现行《中华人民共和国宪法》第五条中规定："一切法律、行政法规和地方性法规都不得同宪法相抵触。"例如，2003 年，国家废止了《城市流浪乞讨人员收容遣送办法》，主要原因在于根据《城市流浪乞讨人员收容遣送办法》的规定，某些城市流浪乞讨人员被非法收容、伤害乃至死亡的事件时有发生，违背了我国宪法尊重和保障人权的基本原则与精神。

其次，宪法是一切国家机关、政治力量、政治组织以及一切社会组织和个人的根本活动准则，任何组织和个人都不得享有超越宪法之上的特权。现行《中华人民共和国宪法》第五条中规定："一切国家机关和武装力量、各政党和各社会团体、各企业事业组织都必须遵守宪法和法律。一切违反宪法和法律的行为，必须予以追究。任何组织或者个人都不得有超越宪法和法律的特权。"

二 宪法的指导思想与基本原则

(一)宪法的指导思想

宪法的指导思想是指体现统治阶级意识形态及其价值观，指导宪法制定、修订和实施的思想原则和理论体系。我国现行宪法是在马克思列宁主义、毛泽东思想、邓小平理

---

① 我国许多法律制定时都写明了"依据宪法，制定本法"。

论、"三个代表"重要思想、科学发展观、习近平新时代中国特色社会主义思想的指导下制定、修改和实施的。

(二)宪法的基本原则

宪法的基本原则是指宪法在调整社会关系时所采取的基本立场和准则，是宪法指导思想的具体化、规范化表达，主要包括人民民主原则、基本人权原则、法治原则、权力制约与监督原则。这些基本原则在建构宪法规范体系、维护宪法稳定与社会发展、适用宪法等方面发挥了重要作用。

三　我国宪法的产生与发展

新中国成立以前，曾经产生过宪法性文件或宪法，如《钦定宪法大纲》《中华民国临时约法》《中华民国约法》《中华民国宪法》等，但这些都不是真正意义上的宪法，因为其本质上是为了维护专制者的利益，而非为了保障公民的基本权利。

新中国成立后，我国国家性质发生了根本改变，代表人民意志的宪法才真正意义上产生。1949 年 9 月，中国人民政治协商会议第一届全体会议通过了《中国人民政治协商会议共同纲领》，它发挥着临时宪法的作用，并为正式宪法的制定提供了基础。1954 年 9 月，第一届全国人大第一次会议通过了《中华人民共和国宪法》，这是我国第一部社会主义宪法。此后于 1975 年和 1978 年分别通过了两部宪法。1982 年 12 月 4 日①通过的《中华人民共和国宪法》是我国现在施行的宪法，这部宪法彰显了宪法的最高地位和公民权利的重要地位，对公民权利的保护较为详尽。

宪法制定后，基于社会发展的要求，需要对宪法进行修改，其目的是在适应社会现实情况的基础上，保障宪法的稳定性。宪法修改有两种方式，一种是全面修改，即相当于制定、颁布一部新的宪法，我国 1975 年和 1978 年颁布的宪法就属于这种修改方式；另一种是部分修改，即只对宪法的个别内容进行增减、补充等，其主要是以宪法修正案的方式进行修改。我国现行宪法分别于 1988 年、1993 年、1999 年、2004 年、2018 年进行了五次部分修订。

---

① 每年的 12 月 4 日是我国的国家宪法日。

我国的基本制度

一 人民民主专政制度

人民民主专政制度是我国的国家性质，即国体。所谓国家性质，也就是国家的阶级本质，是指各个阶级在国家中的地位，具体来讲就是哪个阶级是统治阶级，哪个阶级是被统治阶级，哪个阶级是联盟的对象。

现行《中华人民共和国宪法》第一条第一款规定："中华人民共和国是工人阶级领导的，以工农联盟为基础的人民民主专政的社会主义国家。"

（一）工人阶级是领导

工人阶级的领导是人民民主专政的根本标志。人民民主专政之所以要工人阶级领导，是由工人阶级的特点、优点和承担的伟大历史使命所决定的。工人阶级的领导是通过自己的政党——中国共产党实现的，因此，中国共产党的领导是中国特色社会主义最本质的特征。

（二）工农联盟是阶级基础

工人和农民是劳动者阶级，占我国人口总数的90%以上，是我国革命和建设的基本力量。中国的工农联盟是在长期的革命斗争中逐步得到发展和巩固的，经历了民主革命阶段和社会主义革命阶段，现在又走上了更高的社会主义现代化建设阶段。无论在哪个发展阶段上，工农联盟都是最重要、最基本的联盟，是中国革命和建设取得胜利的保证。

（三）知识分子是依靠力量

我国广大知识分子是工人阶级的组成部分，同工人、农民一样，都是依靠自己的劳动获得生活来源，并在社会主义事业建设中发挥着重要作用。我国革命、建设和改革的成功离不开知识分子的劳动贡献。

（四）统一战线是人民民主专政的重要特色

统一战线是指在我国新民主主义革命和社会主义革命时期，中国共产党为取得革命和建设胜利而与各革命阶级组成的政治联盟，是我国人民民主专政的优势和特色。

中国革命、建设和改革的特点决定了工人阶级必须在不同的阶段根据不同的任务同其他阶级、阶层结成广泛的统一战线，才能赢得革命、建设和改革的成功。

二　多党合作和政治协商制度

中国共产党领导的多党合作和政治协商制度，是我国的一项基本政治制度。现行《中华人民共和国宪法》序言第十自然段末尾指出的"中国共产党领导的多党合作和政治协商制度将长期存在和发展"，是对中国政党制度的宪法概括表述。

这一制度具有中国特色，不同于资本主义国家的政党制度，不是一党制、两党制或多党制。多党合作制是以坚持中国共产党领导为前提的，中国共产党居于国家政权的领导地位，是执政党；各民主党派是同中国共产党合作的参政党。我国斗争的历史和现实的政治基础决定了必须实行这种制度。

中国人民政治协商会议是共产党领导的多党合作和政治协商的一种重要组织形式。中国人民政治协商会议是有广泛代表性的统一战线组织，过去发挥了重要的历史作用，今后在国家政治生活、社会生活和对外友好活动中，在进行社会主义现代化建设、维护国家的统一和团结的斗争中，将进一步发挥它的重要作用。

三　人民代表大会制度

政权组织形式也称政体，是指特定社会的统治阶级，采取行使国家权力、治理社会的组织原则和方式的体系。我国的政体是人民代表大会制度，即人民通过选举代表组成各级国家权力机关，由各级国家权力机关产生其他国家机关，其他国家机关对权力机关负责，权力机关对人民负责。现行《中华人民共和国宪法》第五十七条规定："中华人民共和国全国人民代表大会是最高国家权力机关。它的常设机关是全国人民代表大会常务委员会。"

（一）人民代表大会制度的优越性

人民代表大会制度直接全面地反映了我国的阶级本质，是其他制度赖以建立的基础，是人民实现民主管理的最好方式。它具有以下优越性：第一，人民代表大会制度便于人民参加国家管理；第二，人民代表大会制度便于集中统一行使国家权力；第三，人民代表大会制度能保证在中央统一领导下充分发挥地方的主动性和积极性。

（二）选举制度的基本原则

人民代表大会制度的核心是选举制度。所谓选举制度，是宪法和法律规定的选举国家权力机关的代表、权力机关常设机构的组成人员和其他政权机构领导人员的原则、方法、组织、程序等有关制度的总称。选举制度是政府合法性的来源、公民参与政治生活的基本形式，更是公民自我治理的保障。选举原则是选举制度的精髓。

1. 普遍性原则

选举权的普遍性实际上就是享有选举权的主体的范围问题，即公民享有选举权的广泛程度。根据宪法和选举法的规定，凡年满十八周岁的中华人民共和国公民，除被依法剥夺政治权利的人外，不分民族、种族、性别、职业、家庭出身、宗教信仰、教育程度、财产状况和居住期限，都有选举权和被选举权。

2. 平等性原则

选举权的平等性原则是指在选举中，一切选民具有同等的法律地位，法律在程序上同等对待所有的选民，选民所投的选票具有同等的法律效力。

3. 直接选举与间接选举并用原则

直接选举是指由选民直接投票选举人民代表大会代表，我国县级、乡级人大代表实行直接选举。间接选举是指由下一级人民代表大会代表选举上一级人民代表大会代表，即由选民选出的代表再去选举代表。我国地级市、省级、全国人大代表实行间接选举。

4. 秘密投票原则

秘密投票也称为无记名投票，即选民不在选票上署名，填写的选票不向他人公开，并亲自将选票投入密封票箱的方式。

5. 差额选举原则

差额选举是指选举中候选人的人数应当多于代表名额，即如果代表名额为 3 人，那么参与选举的候选人人数应当多于 3 人。

四 单一制下的地方制度

单一制是一种国家结构形式，指由若干不享有独立主权的一般行政区域单位组成统一主权国家的制度，和复合制相对。在当代国家结构中，单一制与联邦制（复合制的一种）是主要形式。我国由于历史原因、民族原因、经济因素和国防需要，采用了单一制的国家结构形式。

在单一制国家结构形式下，我国有中央与普通行政地方的关系、中央与民族自治地方的关系和中央与特别行政区的关系三种中央与地方的关系模式。

（一）普通行政地方

普通行政地方是相对于民族自治地方和特别行政区而言的，不享有国家通过法律特别授予的权利，具体包括省、市、县和乡镇。

省是地方的最高行政区域，省的地方制度是地方制度中的最高层次。

市根据城市的规模、人口、经济条件等差异，可分为直辖市、省辖市和县级市三级。

县制的历史最为悠久，在国家机关体系中起着承上启下的作用。

乡镇制是基层政权，在地方制度中属于最低层次。

（二）民族自治地方

民族区域自治制度是指在国家的统一领导下，以少数民族聚居区为基础，建立相应的自治地方，设立自治机关，行使自治权，实行区域自治的民族的人民自主地管理本民族的地方性事务的制度。其具有以下基本特征：第一，建立民族自治地方必须以宪法和法律为依据，在国家领导下统一进行，而不可擅自设立。第二，在少数民族聚居地区建立民族自治地方，而不是在散居的地方设立。第三，民族区域自治的内容就是通过设立自治机关，行使自治权，使得少数民族享有管理本民族内部事务和本地区地方事务的权利。我国现行宪法第一百一十八条规定："民族自治地方的自治机关在国家计划的指导下，自主地安排和管理地方性的经济建设事业。"

（三）特别行政区

特别行政区是指在统一的中华人民共和国范围内，根据我国宪法和法律所设立的具有特殊法律地位，实行特别的政治、经济制度的行政区域。我国现行宪法第三十一条规定："国家在必要时得设立特别行政区。在特别行政区内实行的制度按照具体情况由全国人民代表大会以法律规定。"

特别行政区是我国的"一国两制"在宪法上的体现，其具有以下特点：第一，特别行政区由当地人管理，享有高度的自治权如立法权、行政管理权、独立的司法权和终审权、财政独立等。第二，除了基本法附件上列举的法律，全国性的法律一般不在特别行政区内适用。

五 经济制度

经济制度是指通过宪法和法律确认、调整的，在人类社会发展到一定历史阶段时占主导地位的生产关系以及在此基础上建立的包括但不限于生产关系、分配关系、消费关系等各种经济关系的综合。

（一）生产资料的社会主义公有制是我国经济制度的基础

现行《中华人民共和国宪法》第六条规定："中华人民共和国的社会主义经济制度的基础是生产资料的社会主义公有制，即全民所有制和劳动群众集体所有制。"全民所有制经济又称国有经济，是指由社会主义国家代表全体人民占有生产资料的一种公有制形式，是国民经济中的主导力量。劳动群众集体所有制经济是由集体经济组织内的劳动者共同占有生产资料的一种公有制形式。这两种公有制形式共同构成了我国经济制度的基础，从根本上决定了我国经济的社会主义性质。

（二）非公有制经济是社会主义市场经济的重要组成部分

现行《中华人民共和国宪法》第六条规定："国家在社会主义初级阶段，坚持公有制为主体、多种所有制经济共同发展的基本经济制度，坚持按劳分配为主体、多种分配方式并存的分配制度。"第十一条还规定："在法律规定范围内的个体经济、私营经济等非公有制经济，是社会主义市场经济的重要组成部分。国家保护个体经济、私营经济等非公有制经济的合法的权利和利益。国家鼓励、支持和引导非公有制经济的发展，并对非公有制经济依法实行监督和管理。"因此，在法律规定范围内的个体经济、私营经济等非公有制经济都是社会主义市场经济的重要组成部分。

六　文化制度

《中华人民共和国宪法》第十九至二十四条有关社会主义精神文明建设的规定集中体现了我国的文化制度。

具体而言，《中华人民共和国宪法》第二十四条确立了社会主义文化制度的基本原则，即"普及理想教育、道德教育、文化教育、纪律和法制教育，通过在城乡不同范围的群众中制定和执行各种守则、公约，加强社会主义精神文明的建设"。第十九至二十三条确立了文化制度的基本构架：①国家发展社会主义教育事业（第十九条）；②国家发展自然科学和社会科学事业（第二十条）；③国家发展医疗卫生和体育事业（第二十一条）；④国家发展为人民服务、为社会主义服务的文学艺术事业、新闻广播电视事业、出版发行事业、图书馆博物馆文化馆和其他文化事业，开展群众性的文化活动。国家保护名胜古迹、珍贵文物和其他重要历史文化遗产（第二十二条）；⑤国家培养为社会主义服务的各种专业人才（第二十三条）。

七　基层群众自治制度

基层群众自治制度是指由居民（村民）选举的成员组成居民（村民）委员会，实行自我管理、自我教育、自我服务、自我监督的制度。我国现行宪法第一百一十一条第一款规定："城市和农村按居民居住地区设立的居民委员会或者村民委员会是基层群众性自治组织。居民委员会、村民委员会的主任、副主任和委员由居民选举。居民委员会、村民委员会同基层政权的相互关系由法律规定。"

居民委员会、村民委员会是我国的基层群众自治组织，其主要特点如下：第一，基层群众自治组织具有群众性，其以居民委员会和村民委员会为形式，不同于国家政权组织形式；第二，基层群众自治组织具有自治性，其既不是国家机关的下级组织，也不从属于其他任何社会组织；第三，基层群众自治组织具有基层性，其只存在于居民（村民）居住的基层社区，从事其居住范围内的公共事务和公益事业。

第三节

公民的基本权利与义务

公民的基本权利和义务是宪法的核心内容。我国宪法明确规定，国家尊重和保障人权。任何公民享有宪法和法律规定的权利，同时必须履行宪法和法律规定的义务。宪法在规定公民享有各项基本权利的同时，对公民应履行的各项基本义务也作了规定，体现了权利与义务的一致性。

一 公民的基本权利

一般认为，基本权利是人作为人所应享有的固有权利，即由人性所派生的或为维护人的尊严而应享有的、不可或缺的、具有重要意义的权利。基本权利具有以下特点：第一，基本权利是为公民个人享有的权利，而非集体的或者组织的权利；第二，它是针对国家享有的权利，即国家不得在没有法律规定或授权的情况下干预或者限制公民享有的基本权利，以及国家要积极帮助公民实现基本权利；第三，公民的基本权利受到国家公权力的不法侵害时，公民有权获得救济。但需要注意的是，虽然公民享有各项权利，但任何权利的行使都是有边界的，如现行《中华人民共和国宪法》第五十一条规定："中华人民共和国公民在行使自由和权利的时候，不得损害国家的、社会的、集体的利益和其他公民的合法的自由和权利。"

（一）平等权

平等权是指公民平等地享有权利，不受不合理的差别对待，要求国家同等保护的权利。主要包括两个方面的内容，一是形式平等，如法律面前人人平等，公民享有的权利和义务平等；二是实质平等，即根据社会和个人的不同情况而给予合理差别对待，从而实现实质上的平等，如未满十八周岁不享有选举权，依据收入实行不同比例的税收分配，等等。现行《中华人民共和国宪法》第三十三条第二款规定："中华人民共和国公民在法律面前一律平等。"

案例 4-1

2003 年 6 月，张某某报考公务员，通过笔试和面试后，综合成绩为第一名，但因其体检为乙肝病毒携带者而未被录取。随后，张某某通过法院起诉招考单位，法院判决被告的行为缺乏事实依据，应予撤销。但招考工作已经结束，故该被诉具体行政行为不具可撤销内容。随后，2007 年第十届全国人大常委会第二十九次会议通过立法明确规定用人单位不得以是传染病病原携带者为由拒绝录用应聘者。用人单位也不能强制要求应聘者检查乙肝，否则将被处以罚款。

分析：本案体现了宪法对公民平等权的保障。首先，张某某因为携带乙肝病毒而被拒绝录用，这实际上是一种基于健康状况的歧视，违反了宪法上的平等原则。同时，从《中华人民共和国劳动法》来看，其规定了劳动者享有平等就业的权利，用人单位不得歧视劳动者。因此，法院判决张某某胜诉。其次，张某某虽然胜诉，但仍未被录取的原因在于递补者已经过合法程序被录取，因为如果取消递补者录取资格，则对递补者来说是不公平的。最后，全国人大常委会通过立法明确规定用人单位不得以是传染病病原携带者为由拒绝录用应聘者，这体现了对平等权的贯彻和落实。

(二)政治权利

政治权利是公民参与国家政治生活的权利和自由的统称，主要表现为公民参与国家、社会组织与管理的活动。公民的政治权利主要包括以下几个方面。

1. 选举权与被选举权

选举权是指公民有权依法选举代议机关代表，被选举权是指公民有权依法被选举为代议机关代表。公民行使选举权必须按照法定程序，并且具备宪法规定的要件。任何组织和个人不得干预公民依法行使选举权。现行《中华人民共和国宪法》第三十四条规定："中华人民共和国年满十八周岁的公民，不分民族、种族、性别、职业、家庭出身、宗教信仰、教育程度、财产状况、居住期限，都有选举权和被选举权；但是依照法律被剥夺政治权利的人除外。"

2017 年 3 月 27 日，时任河上镇东山村村民委员会委员金某某在该村党组织换届投票选举过程中，违反组织原则和换届选举工作有关规定，擅自收取部分党员尚未填写的选票，导致部分选票因空白未填而作废，严重妨害党员自主行使选举权，造成不良影响。同日，萧山区公安分局对金某某作出行政拘留五日的行政处罚。2017 年 6 月，河上镇党委根据《中国共产党纪律处分条例》的规定，给予金某某留党察看一年处分。

分析：首先，现行《中华人民共和国宪法》第三十四条明确规定了公民的选举权和被选举权。在本案中，金某某的行为妨害了党员自主行使选举权，这违反了宪法保障公民选举权的原则。其次，《中国共产党纪律处分条例》第八十七条规定："侵犯党员的表决权、选举权和被选举权，情节较重的，给予警告或者严重警告处分；情节严重的，给予撤销党内职务处分。以强迫、威胁、欺骗、拉拢等手段，妨害党员自主行使表决权、选举权和被选举权的，给予撤销党内职务、留党察看或者开除党籍处分。"在本案中，金某某的行为违反了关于选举纪律的规定，因此受到了留党察看一年的处分。

2. 言论、出版、结社、集会、游行、示威自由

现行《中华人民共和国宪法》第三十五条规定："中华人民共和国公民有言论、出版、集会、结社、游行、示威的自由。"其中，言论自由是指公民通过各种形式如口头、书面、电视、广播、网络等表达和传播自己的思想和观点。但是，言论自由权的行使不得侵害他人名誉、权利或违背公共道德与社会伦理。出版自由是指公民可以通过公开发行的出版物，包括报纸、期刊、图书、音像制品、电子出版物等形式，自由地表达自己对国家事务、经济和文化事业、社会事务的见解和看法。结社自由是指公民为了实现一定的目标而依法律规定的程序组织某种社会团体的自由。集会是指聚集于露天公众场所，发表意见、表达意愿的活动；游行是指在公共道路、露天场所列队行进、表达共同愿望的活动；示威是指在露天公共场所或者公共道路上以集会、游行、静坐等方式，表达要求、抗议或者支持、声援等共同意愿的活动。一般性的文体娱乐活动、正常的宗教活动和传统的民间习俗不属于集会、游行、示威的范畴。

案例 4-3

2023年5月，陈某某为博取关注、吸引流量，在明知"黑龙江七台河某小区发生一起打架斗殴致2人轻伤"的情况下，仍在网络平台编造"小区发生连环杀人案致3人死亡"的谣言，造成不良社会影响，扰乱社会公共秩序。黑龙江七台河公安机关依法调查后，对陈某某进行行政处罚，对其造谣网络账号采取封停措施。

分析：首先，现行《中华人民共和国宪法》规定公民有言论自由的权利，但这种自由不是无限制的。当个人的言论自由侵犯到社会公共利益、破坏社会公共秩序时，国家有权依法予以限制。本案中，陈某某编造谣言，扰乱了社会公共秩序，侵犯了其他公民的合法权益，因此受到了法律的制裁。其次，《中华人民共和国治安管理处罚法》第二十五条中规定：散布谣言，谎报险情、疫情、警情或者以其他方法故意扰乱公共秩序的，处五日以上十日以下拘留，可以并处五百元以下罚款；情节较轻的，处五日以下拘留或者五百元以下罚款。本案中，陈某某编造谣言，扰乱了社会公共秩序，违反了相关规定，因此受到了行政处罚。

（三）宗教信仰自由权

现行《中华人民共和国宪法》第三十六条第一款规定："中华人民共和国公民有宗教信仰自由。"宗教信仰自由是指个人可以在社会中选择其宗教信仰和公开参加其信仰宗教的仪式或者选择不信仰任何宗教而不必担心受迫害或歧视的自由。其具有以下内涵：第一，每个公民既有信仰宗教的自由，也有不信仰宗教的自由。第二，有信仰这种宗教的自由，也有信仰那种宗教的自由。第三，在同一宗教里面，有信仰这个教派的自由，也有信仰那个教派的自由。第四，有过去信教而现在不信教的自由，也有过去不信教而现在信教的自由。

（四）人身自由权

人身自由是指公民的人身不受非法侵犯的自由。人身自由是公民参加国家政治生活、经济生活与社会生活的基础，是公民行使其他权利的前提。狭义的人身自由仅指公民身体的活动自由，广义的人身自由则包括由人身所衍生的人格尊严、住宅、通信自由和通信秘密不受侵犯的权利。

1. 公民的人身自由不受侵犯

现行《中华人民共和国宪法》第三十七条规定："中华人民共和国公民的人身自由不受侵犯。任何公民，非经人民检察院批准或者决定或者人民法院决定，并由公安机关执行，不受逮捕。禁止非法拘禁和以其他方法非法剥夺或者限制公民的人身自由，禁止非法搜查公民的身体。"

案例 4－4

1994年4月28日，余某某被怀疑杀害了其患有精神病而失踪的妻子张某某，而被以涉嫌杀人罪批捕。由于行政区划变更，余某某经京山县人民法院和荆门市中级人民法院审理，于1998年9月22日被判处15年有期徒刑。然而，其妻张某某于2005年3月28日"死而复生"，出现在京山县。同年4月，余某某被重新审理判决为无罪。2005年，余某某获得了70余万元的国家赔偿。

分析：首先，现行《中华人民共和国宪法》第三十七条规定了公民的人身自由权，本案中，余某某在被怀疑杀害妻子的情况下被批捕并判处有期徒刑，但最终被证明无罪，这突显了保护公民人身自由的重要性。其次，《中华人民共和国国家赔偿法》第十七条中规定了：行使侦查、检察、审判职权的机关以及看守所、监狱管理机关及其工作人员对公民采取逮捕措施后，决定撤销案件、不起诉或者判决宣告无罪终止追究刑事责任的，受害人有取得赔偿的权利。本案中，余某某获得了70余万元的国家赔偿，这是依据国家赔偿法的相关规定进行的。

2. 公民的人格尊严不受侵犯

现行《中华人民共和国宪法》第三十八条规定："中华人民共和国公民的人格尊严不受侵犯。禁止用任何方法对公民进行侮辱、诽谤和诬告陷害。"人格尊严是指与人身有密切联系的名誉、姓名、肖像等不容侵犯的权利。具体来讲，就是不对他人的姓名、名誉、肖像等进行污名化、丑化、侮辱、诽谤等伤害他人人格和尊严的行为。

案例 4－5

2007年，某夜市旁，一男子偷电线被抓后，被当地居民强令戴白帽跪地示众。本案中，小偷作为犯罪嫌疑人也同样享有受宪法和法律保护的人格尊严权，强令小偷下跪、戴白帽子的行为侵犯了小偷的人格尊严，不具有合法性。

3. 住宅不受侵犯

现行《中华人民共和国宪法》第三十九条规定："中华人民共和国公民的住宅不受侵

犯。禁止非法搜查或者非法侵入公民的住宅。"住宅不受侵犯是指任何机关和个人未经法律许可，不得随意强行侵入或搜查公民的住宅。这里的"住宅"应从广义上理解，包括与公民私人生活有关的空间场所，如宿舍、旅馆等。

4. 通信自由与通信秘密受宪法保护

现行《中华人民共和国宪法》第四十条规定："中华人民共和国公民的通信自由和通信秘密受法律的保护。除因国家安全或者追查刑事犯罪的需要，由公安机关或者检察机关依照法律规定的程序对通信进行检查外，任何组织或者个人不得以任何理由侵犯公民的通信自由和通信秘密。"通信自由与通信秘密是指公民通过书信、电报、传真、电话以及其他通信手段，根据自己的意愿与他人进行沟通和交流，不受任何组织和个人的非法干涉。其主要保护公民私生活的秘密性以及交流表达的自由。

（五）社会经济权利

社会经济权利是指公民依照宪法的规定享有与经济利益相关的权利，主要包括财产权、劳动权及休息权、社会保障权、物质帮助权等。

1. 财产权

现行《中华人民共和国宪法》第十三条规定："公民的合法的私有财产不受侵犯。国家依照法律规定保护公民的私有财产权和继承权。国家为了公共利益的需要，可以依照法律规定对公民的私有财产实行征收或者征用并给予补偿。"财产权指公民通过劳动或其他合法方式取得、占有、使用、处分财产的权利。公民财产权的保护不是绝对的，在特定情况下国家可以对其征收、征用并给予补偿，但不是赔偿。

案例 4-6

柴某在大荔县有一栋三层商住房屋，2017年，大荔县政府作出房屋征收决定，柴某的上述房屋被纳入征收范围。2018年6月1日，在柴某尚未与大荔县政府达成补偿协议的情况下，大荔县政府强制拆除了柴某的房屋，该强制拆除行为已经渭南市中级人民法院作出的生效判决确认违法，判决生效后，柴某向大荔县人民政府申请行政赔偿，大荔县政府作出赔偿决定。

分析：本案中，柴某是其房屋的合法占有人，对该房屋依法享有财产权利。大荔县政府未按照法定程序对柴某进行补偿，而后强制拆除其房屋，侵犯了柴某享有的财产权。

2. 劳动权及休息权

劳动权是指一切有劳动能力的公民享有劳动和取得劳动报酬的权利，它不仅是公民的基本权利，同时也是公民的基本义务。现行《中华人民共和国宪法》第四十二条第一款规定"中华人民共和国公民有劳动的权利和义务"，第四十三条第一款规定"中华人民共和国劳动者有休息的权利"。

3. 社会保障权

社会保障权是指一般公民为了维持有尊严的生活而有权向国家要求给予相应的保障。我国对公民提供的社会保障多种多样，如建立养老保险、医疗保险、优抚安置、慈善事业、社保基金等制度，完善留守儿童、孤寡老人、残疾人帮扶制度，等等。现行《中华人民共和国宪法》第四十五条规定："国家和社会保障残废军人的生活，抚恤烈士家属，优待军人家属。国家和社会帮助安排盲、聋、哑和其他有残疾的公民的劳动、生活和教育。"

4. 物质帮助权

物质帮助权是指特定公民如年老的人、患有疾病的人、丧失劳动能力的人等有权从国家和社会获得物质帮助的权利。为了实现公民的这些权利，国家要发展完善相应的社会保险、社会救济和医疗卫生等事业。现行《中华人民共和国宪法》第四十五条第一款规定："中华人民共和国公民在年老、疾病或者丧失劳动能力的情况下，有从国家和社会获得物质帮助的权利。国家发展为公民享受这些权利所需要的社会保险、社会救济和医疗卫生事业。"

（六）文化教育权利

文化教育权是指公民在文化和教育领域享有的权利，主要包括受教育的权利。公民有进行科学研究、文学艺术创作以及其他文化活动的自由。国家为了实现公民的文化教育权应积极创造条件，提供必要的制度保障、物质保障、设施保障等。现行《中华人民共和国宪法》第四十七条规定："中华人民共和国公民有进行科学研究、文学艺术创作和其他文化活动的自由。国家对于从事教育、科学、技术、文学、艺术和其他文化事业的公民的有益于人民的创造性工作，给以鼓励和帮助。"

二　公民的基本义务

（一）维护国家统一和各民族团结的义务

维护国家统一是整个社会共同体存在与发展的基础，国家统一与民族团结是进行社

会主义现代化建设的重要保证，也是公民实现基本权利与自由的前提。

（二）遵守宪法和法律的义务

遵守宪法和法律是指忠于宪法和法律，维护宪法和法律的尊严，保障宪法和法律实施。现代社会是法治社会，遵守宪法和法律是每个公民的基本准则，同时要求每个公民珍惜和维护自己的合法权利，尊重他人的合法权利。如我国宪法中规定了公民要保守国家秘密、保护公共财产、遵守劳动纪律、遵守公众秩序和尊重社会公德等。

（三）维护国家安全、荣誉和利益的义务

祖国安全是国家政权稳定、社会稳定发展以及个人享有权利和自由的根本保障，每一个公民都必须树立祖国安全高于一切的观念，同一切危害国家安全的行为做斗争。维护祖国荣誉是指国家的声誉和荣誉不受侵害，公民对祖国应当怀有自尊心和自豪感，把维护祖国荣誉作为自己的神圣职责，同一切出卖祖国利益、损害祖国尊严的行为做斗争。祖国利益体现为政治、经济、文化、社会等方面的权利和利益，公民必须自觉维护祖国利益，正确处理国家、集体与个人利益之间的相互关系。

（四）依法服兵役的义务

现行《中华人民共和国宪法》第五十五条规定："保卫祖国、抵抗侵略是中华人民共和国每一个公民的神圣职责。依照法律服兵役和参加民兵组织是中华人民共和国公民的光荣义务。"我国实行义务兵与志愿兵相结合、民兵与预备役相结合的兵役制度。中华人民共和国公民不分民族、种族、职业、家庭出身、宗教信仰和受教育程度，都有义务依法服兵役。

案例 4-7

2005 年，丁某某等五人自愿报名参军到部队服役，但在部队服役期间因怕苦怕累、不愿受部队纪律约束，以各种理由逃避服兵役。虞城县人民政府认为丁某某等五人的行为违反了《中华人民共和国兵役法》等，决定对其进行以下处罚：(1)经济处罚 1 万元，由所在乡镇执行，罚款上交县财政，列支下年度乡镇征兵经费。如当事人拒不执行，移交县人民法院强制执行；(2)不得将其录用为公务员或者参照公务员法管理的工作人员；(3)两年内公安机关不得为其办理出国(境)手续；(4)两年内教育部门不得为其办理升学手续；(5)党(团)员由所在党(团)组织按照权限严肃处理；(6)将其列入虞城县拒服兵役人员黑名单，通过新闻媒体向全社会公告，并上传公安网备案。

分析：首先，我国宪法规定了公民有依法服兵役的义务。其次，《中华人民共和国兵役法》第五十七条规定，"有服兵役义务的公民有下列行为之一的，由县级人民政府责令限期改正；逾期不改正的，由县级人民政府强制其履行兵役义务，并处以罚款：（一）拒绝、逃避兵役登记的；（二）应征公民拒绝、逃避征集服现役的；（三）预备役人员拒绝、逃避参加军事训练、担负战备勤务、执行非战争军事行动任务和征召的。有前款第二项行为，拒不改正的，不得录用为公务员或者参照《中华人民共和国公务员法》管理的工作人员，不得招录、聘用为国有企业和事业单位工作人员，两年内不准出境或者升学复学，纳入履行国防义务严重失信主体名单实施联合惩戒"。本案中，丁某某等登记入伍后逃避服兵役的义务，因此受到上述惩罚。

（五）依法纳税的义务

现行《中华人民共和国宪法》第五十六条规定："中华人民共和国公民有依照法律纳税的义务。"现代社会，税收是国家财政收入的重要来源，也是国家发展国民经济的物质基础。我国的税收政策按照公民的实际纳税能力确定具体的纳税数额，即所得多者多纳税，所得少者少纳税。

案例 4 - 8

2018 年，中国官方媒体新华社公布对范某某纳税的调查结果：范某某拍摄电影《大轰炸》时取得片酬 3 000 万元，其中 1 000 万元申报纳税，其余 2 000 万元以拆分合同方式偷逃个人所得税 618 万元，少缴营业税及附加 112 万元，合计 730 万元；此外，还查出范某某及其担任法定代表人的企业少缴税款 2.48 亿元，其中偷逃税款 1.34 亿元。江苏省税务局依法对范某某及其担任法定代表人的企业追缴的税款、滞纳金和罚款，共计近 9 亿元人民币。按照现行法律，范某某如在规定期限内缴清，则不会被追究刑事责任。

分析：首先，现行《中华人民共和国宪法》第五十六条规定公民有依照法律纳税的义务。范某某作为我国公民，应当依法履行此项义务，但却采用各种手段逃避纳税义务，违反了宪法规定。其次，我国刑法第二百零一条中规定："纳税人采取欺骗、隐瞒手段进行虚假纳税申报或者不申报，逃避缴纳税款数额较大并且占应纳税额百分之十以上的，处三年以下有期徒刑或者拘役，并处罚金。数额巨大并且占应纳税额百分之三十以上的，处三年以上七年以下有期徒刑，并处罚金。有第一款行为，经税务机关依法下达追缴通知后，补缴应纳税款，缴纳滞纳金，已受行政处罚的，不予追究刑事责任；但是，五年内因逃避缴纳税款受过刑事处罚或者被税务机关给予二次以上行政处罚的除外。"根据本条规定，范某某补缴了税款、滞纳金和罚款，因此并未受到刑事处罚。

（六）其他义务

除了上述基本义务外，我国宪法还规定了受教育的义务、夫妻双方计划生育的义务、父母抚养教育未成年子女的义务、成年子女赡养扶助父母的义务等。现行《中华人民共和国宪法》第四十九条规定："婚姻、家庭、母亲和儿童受国家的保护。夫妻双方有实行计划生育的义务。父母有抚养教育未成年子女的义务，成年子女有赡养扶助父母的义务。禁止破坏婚姻自由，禁止虐待老人、妇女和儿童。"

第四节
我国的国家机构

国家机构是国家为实现其职能而建立起来的一整套国家机关体系的总称。从行使职权的性质上看，可以把它们分为国家权力统一原则下的权利、行政和司法等机关；从行使职权的地域范围上看，可以把它们分为中央国家机关和地方国家机关。

一　全国人民代表大会及其常委会

全国人民代表大会是我国的最高国家权力机关，是国家的立法机关，在我国的国家机构体系中居于最高地位。它由省、自治区、直辖市和军队选出的代表组成，每届任期五年。全国人大主要有以下职责：修改宪法和监督宪法实施，制定和修改基本法律，选举、决定、罢免有关国家机关的重要领导人，决定国家重大事项，监督由其产生的其他国家机关的工作及应当由最高国家权力机关行使的其他职权，等等。

全国人民代表大会常务委员会是全国人民代表大会的常设机关，在全国人民代表大会闭会期间行使国家权力，其主要有以下职责：解释宪法和监督宪法的实施，制定和修改由全国人大制定的法律以外的其他法律，解释法律，审查和监督行政法规、地方性法规的合宪性和合法性，对国民经济和社会发展计划以及国家预算部分调整方案的审批权，监督国家机关的工作，等等。

二 中华人民共和国主席

中华人民共和国主席是我国的国家元首。国家主席不是握有一定国家权力的个人，而是一个国家机关，包括国家主席和副主席。现行《中华人民共和国宪法》第七十九条规定："中华人民共和国主席、副主席由全国人民代表大会选举。有选举权和被选举权的年满四十五周岁的中华人民共和国公民可以被选为中华人民共和国主席、副主席。中华人民共和国主席、副主席每届任期同全国人民代表大会每届任期相同。"根据现行《中华人民共和国宪法》的规定，中华人民共和国主席可以行使以下职权：公布法律，任免国务院总理、副总理、国务委员、各部部长、各委员会主任、审计长、秘书长，授予国家的勋章和荣誉称号，发布特赦令，宣布进入紧急状态，宣布战争状态，发布动员令，等等。

三 国务院

国务院由总理，副总理若干人，国务委员若干人，各部部长、各委员会主任、审计长、秘书长组成。国务院实行总理负责制，各部、各委员会实行部长、主任负责制。国务院每届任期同全国人民代表大会每届任期相同，总理、副总理、国务委员连续任职不得超过两届。国务院主要有法规制定权、提案权、领导权、管理权、任免权、紧急状态决定权等。

四 中央军事委员会

中华人民共和国中央军事委员会领导全国武装力量，是国家的最高军事领导机关，由主席，副主席若干人，委员若干人组成，实行主席负责制。中央军事委员会每届任期同全国人民代表大会每届任期相同，军委主席对全国人民代表大会和全国人民代表大会常务委员会负责。

五　地方各级人民代表大会和地方各级人民政府

地方各级人民代表大会是省、自治区、直辖市、自治州、自治县、市、市辖区、乡、民族乡和镇设立的人民代表大会的统称。地方各级人民代表大会是地方国家权力机关，在本行政区域内保证宪法、法律、行政法规的遵守和执行；依照法律规定的权限，通过和发布决议，审查和决定地方的经济建设、文化建设和公共事业建设的计划。

六　民族自治地方的自治机关

民族自治地方的自治机关是自治区、自治州、自治县的人民代表大会和人民政府。自治区、自治州、自治县的人民代表大会中，除实行区域自治的民族的代表外，其他居住在本行政区域内的民族也应当有适当名额的代表。自治区主席、自治州州长、自治县县长由实行区域自治的民族的公民担任。

民族自治地方的自治机关除行使一般地方国家机关的职权外，还可以依法行使自治权。自治权包括根据本地区的实际情况，贯彻执行国家的法律和政策，如果上级国家机关的决议和命令不适合本地情况，经上级国家机关批准，可以变通或停止执行；制定自治条例和单行条例；管理地方财政；自主安排和管理本地方的经济建设事业和科教文卫事业等。

七　监察委员会

中华人民共和国各级监察委员会是国家的监察机关，其中，国家监察委员会是最高监察机关。监察委员会由主任，副主任若干人，委员若干人组成，监察委员会主任每届任期同本级人民代表大会每届任期相同，国家监察委员会主任连续任职不得超过两届。

监察委员会依照法律规定独立行使监察权，不受行政机关、社会团体和个人的干涉。监察机关办理职务违法和职务犯罪案件，应当与审判机关、检察机关、执法部门互相配合，互相制约。

八　人民法院和人民检察院

（一）人民法院

中华人民共和国人民法院是我国的审判机关，是适用法律的专门机关，独立行使国家的审判权，是我国国家机构的有机组成部分。

我国设立最高人民法院、地方各级人民法院和军事法院等专门人民法院。最高人民法院是最高审判机关，监督地方各级人民法院和专门人民法院的审判工作。

最高人民法院对全国人民代表大会和全国人民代表大会常务委员会负责。地方各级人民法院对产生它的国家权力机关负责。

（二）人民检察院

中华人民共和国人民检察院是国家的法律监督机关，通过行使检察权，追诉犯罪，维护国家安全和秩序，维护个人和组织的合法权益，维护国家利益和社会公众利益，维护社会公平正义，维护国家法制统一、尊严和权威。

我国设立最高人民检察院、地方各级人民检察院和军事检察院等专门人民检察院。最高人民检察院是最高检察机关，领导地方各级人民检察院和专门人民检察院的工作。

最高人民检察院对全国人民代表大会和全国人民代表大会常务委员会负责。地方各级人民检察院对产生它的国家权力机关和上级人民检察院负责。

本章要点

☆ 我国宪法规定了国家的根本制度和根本任务，是国家的根本法，具有最高的法律效力。

☆ 我国宪法限定了国家机关的职权，保障了公民的基本权利和自由，为国家的发展提供了有力的根本法保障。

☆ 我国现行宪法是在马克思列宁主义、毛泽东思想、邓小平理论、"三个代表"重要思想、科学发展观、习近平新时代中国特色社会主义思想的指导下制定、修改和实施的。

☆ 宪法的基本原则包括人民民主原则、基本人权原则、法治原则、权力制约与监督原则。

☆ 中华人民共和国是工人阶级领导的，以工农联盟为基础的人民民主专政的社会主义国家。

☆ 中华人民共和国全国人民代表大会是最高国家权力机关。它的常设机关是全国人民代表大会常务委员会。

☆ 公民的基本权利：①平等权；②政治权利；③宗教信仰自由；④人身自由；⑤社会经济权利；⑥文化教育权利。

☆ 公民的基本义务：①维护国家统一和各民族团结；②遵守宪法和法律；③维护国家安全、荣誉和利益；④依法服兵役；⑤依法纳税；⑥其他义务。

1. 宪法具有哪些特征?

2. 我国的国家性质是什么?

3. 我国的政权组织形式是什么?

4. 我国公民的基本权利和基本义务有哪些?

5. 我国的国家机构有哪些?

第五章

民法商法

【学习目标】

⚖ 素质目标

- ⊙ 坚持诚实守信的原则，维护社会诚信体系
- ⊙ 培养规则意识，形成遵纪守法的行为习惯

📖 知识目标

- ⊙ 掌握民法的概念、调整范围和基本原则
- ⊙ 了解《中华人民共和国民法典》在日常生活中的实际应用及其意义

⊞ 能力目标

- ⊙ 能够运用民法知识维护自己的合法权益
- ⊙ 能够运用民法知识解决生活中的常见法律问题

在校园中，你借阅一本图书；在大街上，你购买一杯奶茶……这些行为都涉及一个重要的法律领域——民法。民法被誉为市民社会的基本法，原因何在呢？

　　从法律属性上看，民法是私法、是权利法，在彰显平等、自由价值观的同时，前所未有地关注着每个人从出生到死亡的每一项权利。从社会功能上看，民法是是行为规范正当性的判断标尺，通过充分承认和保护各种主体的民事权利，规范民事活动，维护社会秩序，促进社会的全面进步和发展。民事主体从事民事活动时遵守法律，权利会得到实在的保障。从法律位阶上看，民法是基本法，宪法所确立公民的基本权利就是凭借民法落到实处的。如果说宪法是飘在祖国天空上的红旗，民法就是祖国坚实的地基。

第一节

民法概述

一　民法的概念

　　民法是调整平等主体的自然人、法人和非法人组织之间的人身关系和财产关系的法律规范的总称。相较于 1986 年制定的《中华人民共和国民法通则》中的规定："中华人民共和国民法调整平等主体的公民之间、法人之间、公民和法人之间的财产关系和人身关系。"《中华人民共和国民法典》则将人身关系提到财产关系之前。

二　民法的调整范围

　　民法调整平等主体的法律关系为自然人、法人和非法人组织之间的人身关系和财产关系。民法上的"平等关系"并非实质的平等，而是民事主体在法律地位上平等，即形式平等。

　　人身关系是指与人身密切相连而不可分割的社会关系。财产关系是以财产所有和交换为内容的关系，包括财产所有关系和财产流转关系。其中人身关系一般不直接涉及财产内容，但是与财产利益又有联系。

　　财产必须具有以下条件：具有经济价值、不属于自然人的人格、人力能够支配。

三 民法的基本原则

（一）平等原则

民事主体在民事活动中的法律地位一律平等。平等原则是民法的基本原则，具体表现为人格平等、法律地位平等和获得权利救济的平等。

（二）自愿原则

民事主体从事民事活动，应当遵循自愿原则，按照自己的意愿设立、变更、终止民事法律关系。该原则体现了民法私法自治的基本内涵，是民法精神的集中体现。

（三）公平原则

民事主体从事民事活动，应当遵循公平原则，合理确定各方的权利和义务。

（四）诚信原则

民事主体从事民事活动，应当遵循诚信原则，秉持诚实，恪守承诺。诚信原则被称为民法上的帝王条款，本质上是要求当事人能够妥当处理自己与对方当事人之间的关系。

案例 5-1

黄某利用中介练一家公司提供的媒介服务找到了合适的房源，但是之后他私自绕过练一家公司直接与房东订立合同。被练一家公司发现后，双方发生了一番纠纷。

分析：本案例中，"跳单"行为属于典型的违反诚实信用原则的行为，打破了中介合同正常履行后中介人可获得的中介报酬的预期，损害了中介人的合法权益，不利于鼓励诚信、公平交易。

（五）公序良俗原则

民事主体从事民事活动，不得违反法律，不得违背公序良俗。

（六）绿色原则

民事主体从事民事活动，应当有利于节约资源、保护生态环境。

第二节
私法自治

所谓私法自治，依弗卢梅经典定义，指的是"各人依其意志自主形成法律关系的原则"。

一 私法自治的价值

《中华人民共和国民法典》在第五条确立私法自治原则："民事主体从事民事活动，应当遵循自愿原则，按照自己的意思设立、变更、终止民事法律关系。"私法自治，又称意思自治，指在私法关系中，个人依自己的意思决定自己的事务。

> **案例 5-2**
>
> 甲在超市发现 3 种不同的可乐定价方式：
>
> 单瓶装 500 毫升，单价 4.5 元/瓶；整箱装 500 毫升，单价 3.5 元/瓶；大瓶装 2 升，单价 7.5 元/瓶。甲后来又发现有樱桃味可乐，单瓶装 500 毫升，单价 5 元/瓶。
>
> 甲为了将过年收到的红包尽数花出，购买了 2 大瓶 2 升装可乐，1 瓶樱桃味 500 毫升可乐，终于凑够 20 元。
>
> 分析：本案例中，甲以自己的意愿从事买卖这样一个法律行为，任何人、任何法律不得干预和限制。

私法自治被奉为关乎民法本体及存在的最重要的原则，因其有两项重要的价值。

(一)私法自治的伦理价值

民法的首要目的，就是保障人格的自由发展。所谓自由的人格，是说人的个人生活中的各种事务，小到购买几罐可乐，早餐吃包子还是油条，出行搭乘飞机还是高铁；大到选择何种职业、哪个工作岗位，与何人组成家庭，买市中心的老破小还是郊区的大别墅，及至自己死亡后遗产应由何人继承，对自己的遗体应如何处理……林林总总不胜枚举的事情，都由个人依其意志自己决定。私法自治保障这种自由人格，此为私法自治的伦理价值。

(二)私法自治的经济价值

民法为社会主义市场经济的基本法，市场经济的内核。亚当·斯密在《国富论》中提到，每个私人追逐私利的行为，能在无形之中促进社会整体福祉的增进，实现有限资源的最优配置。市场经济的前提，是每个人能自由地选择是否交易、与谁交易、如何交易。这些反映在法律上，就是是否缔结合同的自由、与谁缔结合同的自由以及以什么样的内容缔结合同的自由。此为私法自治的经济价值。现代以来的资本主义社会空前的经济危机、无产阶级革命及两次世界大战所带来的影响，使人们重新反思自法国大革命以来被普遍接受为真理的这些价值。故而，现代民法在承认私法自治原则的基础上，对私法自治原则在诸方面进行了限制，以追求"实质的公平及自由"。

二 法律行为——私法自治的工具

法律行为，又称民事法律行为，它是私法自治的工具，是实践私法自治最重要的方式。可以说，私法的核心在于私法自治，而私法自治的核心在于法律行为。故而，学习民法最重要的就是学习法律行为制度。

> **案例 5-3**
>
> 甲同学至校园二手书店欲购买民法教科书，以备战民法期末考试。途中偶遇同专业大四学长乙，了解对方同样在备考，遂欣然购买教科书两本，赠学长乙一本。
>
> 回到宿舍后甲收到微信提示，甲父给甲转账 3 000 元并备注："生活费，好好读书。"
>
> 分析：本案例中，甲购买二手书籍、将二手书转赠给乙、乙接受甲之赠予、甲父给甲转账等行为，均属于当事人以自己的意思构建法律关系，均是法律行为。

法律行为普遍存在于生活的方方面面。学习法律行为制度，应不断思考抽象法律规范作用于现实生活的方式，目光应来回穿梭于规范与事实之间。

（一）意思表示

法律行为的典型特征有二：①以意思表示为要素；②发生当事人所追求的法律效果。意思表示，指将意图发生一定私法上效果的意思表达于外的行为。

案例 5 - 4

甲到乙处来买瓜。

甲：哥们，你这瓜多少钱一斤啊？

乙：两块钱一斤。

甲：这瓜皮子是金子做的还是瓜粒子是金子做的？

乙：这都是大棚的瓜，你嫌贵，我还嫌贵呢。

甲：给我挑一个。

乙：行。

分析：在本案例的交易场景中，如果双方当事人对话中的表示，均未指向明确的法律效果，非意思表示。至甲说："给我挑一个。"此为表示自己欲缔结合同，以 2 元/斤的价格购买西瓜一个，是意思表示。乙说："行。"此为表示自己欲与甲缔结合同，以 2 元/斤的价格出卖西瓜一个，亦属意思表示。此时，双方的意思表示达成统一意见，两个意思表示遂构成合同，成立法律行为（根据该有效成立的法律行为，乙负有向甲交付西瓜的义务，甲负有向乙支付价款的义务）。

1. 意思表示的构成要素、发出与到达

意思表示由内心意思和表示行为构成。内心意思的核心是效果意思，即发生某一特定私法上效果的意思。表示行为需将内心的意思表示于外，但并非仅有语言一种方式，行为默示，甚至单纯沉默也可构成意思表示。意思表示一般需向某人发出，并于到达该人时生效。

2. 意思表示的解释

意思表示解释的任务，是确定意思表示以什么内容生效。在没有需要保护的相对人的场合下，意思表示的解释应探寻表示者的内心真意。在有需要保护的相对人的场合下，意思表示的解释应以寻求"规范化意思"为目标。换言之，应探寻意思表示到达受领人

时，受领人可能理解的意思。

意思表示解释的一个特殊情形，是所谓的"误载不害真意"原则。若当事人内心所想已达成一致，则不论当事人所选择的词句如何，意思表示均以当事人的内心真意为内容而成立。

案例 5 - 5

甲收藏有世界级名画 A，标价 1 000 万元出售。

乙一直想以 800 万元购买，与甲交涉多次，均失败。一日甲母重病，甲于是给乙发微信说："我想以 800 000 元出售名画 A。"但甲匆忙中少打一个"0"，将 8 000 000 元误书为 800 000 元。乙见消息，亦知甲为误书，其内心真意为 800 万元，但因过于开心，不小心把 800 万元写成了 8000 万元。回复的消息写成了："好！我愿意以 80 000 000 元购入这幅画。"

分析：本案例中，根据"误载不害真意"的解释原则，此时合同以 800 万元的价格成立。

(二)法律行为的分类

1. 单方法律行为、契约与多方法律行为

根据构成法律行为所需要的意思表示个数，法律行为可分为单方法律行为、契约及多方法律行为。

单方法律行为指仅由一个意思表示构成的法律行为，如抛弃物之所有权的行为。

契约，又称双方法律行为，指由双方当事人互相意思表示一致而成立的法律行为，如一方愿买、一方愿卖，才能成立买卖契约。赠予亦属契约，需一方愿意出赠，一方愿意接受赠予，始能成立。

多方法律行为，指由同一内容的多数意思表示一致而成立。多方法律行为中比较特殊的是决议，决议是多方法律行为，其经多数人同意后，对不同意的少数人也有约束力。

2. 财产行为与身份行为

根据法律行为作用领域的不同，可分为财产行为与身份行为。买卖、租赁为典型的财产行为，结婚、离婚、收养为典型的身份行为。

与财产行为相比，身份行为涉及社会伦理，当事人自身的自由受到更大的限制。以结婚为例，虽然结婚自由是公民的基本权利，但我国法律不允许人：①与直系血亲及三代以内旁系血亲结婚；②与同性结婚；③未达法定婚龄而结婚；④与两个或以上的人结

婚；⑤与人结婚，致其与两个或以上的人结婚……由是可知，相较于财产行为，身份行为受到更多的法律及公序良俗的限制。

3. 物权行为与债权行为

债权行为，是指以发生债权债务关系为其内容的法律行为。债权行为又称为负担行为，因为债权行为使双方当事人负担上债权债务关系。

物权行为，是指发生物权变动的行为，物权行为属于典型的处分行为。处分行为，指直接作用于既存权利，使其发生转让、内容变更、设定负担或废止的行为。

债权行为与物权行为的区分（或负担行为与处分行为的区分）是民法上最重要的"关节"，被誉为民法上的"任督二脉"，未予打通，不能了解民法的结构及法之适用。物权行为与债权行为的区分实益有三：标的物、处分权、公示原则。现结合案例，一一说明。

案例 5 - 6

张三路过李四的报亭，将 1 张 5 元纸币放在柜台。李四收下后，放回 4 枚 1 元硬币和 1 份日报。

分析：本案例中，存在 7 个法律行为。其中，债权行为有 1 个：张三与李四之间的关于报纸的买卖契约。物权行为有 6 个：张三给付 1 张 5 元纸币给李四，为 1 个物权行为；李四找零 4 枚 1 元硬币，每一枚均成立 1 个物权行为；李四交付 1 份日报给张三，亦成立 1 个独立的物权行为。

（1）标的物

物权行为以标的物存在并特定为前提，而债权行为则不受此限制。纵使缔约时标的物还不存在，当事人之间订立合同的债权行为依然有效。

案例 5 - 7

2022 年春，乙来到甲的苹果园，见百花齐放、蝶飞蜂舞，又见甲管理科学、为人质朴，于是欣然向甲订购 300 斤苹果，约定于今年丰收后交货。甲于 9 月 1 日收获苹果。后因市场行情变化，苹果的价格较乙订购时上涨 3 倍还多，甲于是将苹果出售给丙，并基于让与合意交付。

分析：本案例中，即使苹果还不存在，甲与乙缔结的买卖苹果的债权合同依然有效。9 月 1 日甲收获苹果时，苹果的所有权并不因债权合同而理所当然地转移给乙。后来甲又基于让与合意将苹果交付给丙时（此时成立了物权行为——内容：苹果所有权的转移），由丙取得苹果的所有权。

（2）处分权

有效的物权行为，以处分人拥有处分权为前提，而债权行为则不同。

案例 5-8

丁强占戊所有的自行车一辆，出售给庚，并基于让与合意交付。

分析：本案例中，丁、庚之间买卖自行车的合同有效。丁基于让与合意将自行车交付给庚时，丁非自行车的所有权人，属于无权处分，该处分行为非经所有权人戊的追认不生效力。庚不能取得自行车的所有权。庚因此遭受的损失，可以基于有效成立的买卖合同，请求丁承担违约责任。

（3）公示原则

公示原则是指物权的设立或变动必须通过法定方式进行公开，以使外界知晓物权的变化。在不动产物权变动的场合，其公示方式为登记于统一的不动产登记簿。

案例 5-9

辛将自己所有的别墅出卖给壬，但一直未办理不动产过户登记。后癸因与壬斗气，开挖掘机将别墅夷为平地。

分析：本案例中，辛与壬之间的房屋买卖合同自成立时生效，但在辛给壬办理不动产过户登记之前，壬尚不能取得房屋的所有权。癸侵害房屋所有权时，只有辛作为所有权人，能请求癸承担侵权损害赔偿责任。壬只能依据合法有效成立的买卖合同，请求辛交付赔偿金，或让与赔偿请求权，以替代原给付（代偿请求权）。

（三）法律行为的效力瑕疵

法律行为一般性的生效要件有：①当事人须有行为能力；②标的物需适当（可能、确定、适法、妥当）；③意思表示须健全。但为保护当事人意思自治，尽可能使法律行为生效，故法律不设置法律行为的生效要件，而从反面规定法律行为效力瑕疵的要件和后果。故而，主张法律行为有效的人，只需证明法律行为已成立；而主张法律行为具有效力瑕疵的人，应当证明存在相应的效力瑕疵事由。

1. 法律行为的无效性体系

法律行为具有某种效力瑕疵，因而不能完美地生效，这种法律后果，称为法律行为的无效性。不同的无效性按其强弱从高到低，分别为无效、相对无效、效力待定、可撤销。在《中华人民共和国民法典》中涉及的是无效、效力待定和可撤销。

无效是法律行为不生效力的最强程度。无效的法律行为自始、确定、绝对无效。也就是说，无效法律行为视为自始不成立，并且相对于任何人都不生效力。

效力待定，又称未决的无效，是指行为成立时，其是有效还是无效尚不能确定。效力待定的法律行为原则上无效，除非得到某个第三人（决定权人）的同意，该行为才自始视为有效。

可撤销的法律行为自始有效，但如果撤销权人行使撤销权，则该法律行为视为自始无效。法律赋予其撤销权的人，往往是因法律行为而受到侵害的当事人。

民法就不同的原因规定了不同的无效性后果，可以概括为无效、相对无效、可撤销三种。

具体而言，导致无效的情形主要有：①无行为能力人所为的法律行为；②限制行为能力人所为的单方法律行为；③违反法律禁令；④违反公序良俗；⑤违反形式要件；⑥通谋虚伪行为；⑦戏谑行为；⑧恶意串通，损害他人合法权益的法律行为。

法律效果效力待定的情形主要有：①无权处分；②无权代理；③限制行为能力人作出的契约。

法律效果可撤销的情形主要有：①受恶意欺诈而作出的意思表示；②受胁迫而作出的意思表示；③因错误（重大误解）而作出的意思表示；④暴利行为。

2. 行为能力

行为能力指当事人能以自己的意思，作出法律行为的能力。民法以年龄为基础，辅以精神力之强弱，将自然人的行为能力区别为完全行为能力、无行为能力及限制行为能力。

18周岁以上智力、精神健康状况正常的自然人，16周岁以上且不满18周岁，但以自己的劳动收入为主要生活来源的人，是完全行为能力人。

不满8周岁的未成年人，完全不能辨认自己行为的成年人，以及不能辨认自己行为的8周岁以上的未成年人，是无行为能力人。

8周岁以上且不满18周岁的未成年人，以及不能完全辨认自己行为的成年人，是限制行为能力人。

案例 5 – 10

　　甲（10 岁）天生聪明，通过讨价还价，向乙以 5 000 元的价格购买了市价 6 000 元的手机 A 一部，并基于让与合意完成交付。甲的父母事后得知此事，表示反对。

　　分析：本案例中，甲从乙处购买手机，订立买卖合同，虽然价格明显低于市价，使甲收获经济上的利益，但纯获（法律上的）利益计算的是法律账，而非经济账。该买卖契约使甲负担向乙支付金钱的义务，在法律上并非纯获利益，属于限制行为能力人单独作出的契约，效力待定。在甲之父母反对后，归于无效。

　　但乙基于让与合意将手机 A 交付给甲，该物权契约的效果仅仅是使甲成为手机 A 的所有权人，不使甲负担法律上的不利益，属于纯获法律上的利益的行为，即使是甲单独作出，仍为有效。

　　根据无因性理论，原因行为（债权行为）的无效不影响物权行为的效力，故甲基于有效的物权行为取得手机 A 的所有权，乙仅能依不当得利的规则请求返还之。

　　行为能力受限的效果是：无行为能力人通过法定代理人作出法律行为，其独立作出的法律行为无效。法定代理人的范围与监护人基本重合，在未成年人多为父母，在成年人一般为配偶、子女或父母。

　　限制行为能力人独立作出的单方法律行为无效。限制行为能力人单独订立的契约（合同、双方法律行为）效力待定，需得法定代理人之同意或追认后有效，但限制行为能力人实施的纯获法律上利益的行为有效。

　　纯获法律上的利益，指限制行为能力人通过该行为单纯获得权利，或免除义务，或虽不获得权利，但也不因之负担义务（中性行为），如接受赠予、被免除债务等。限制行为能力人通过物权行为获得所有权，属于纯获利益的法律行为。

案例 5 – 11

　　接上案例，甲的叔叔丙得知此事，表达了对甲父母之死板的批判，慷慨赠予甲价值 10 000 元的最新款手机 B 一部，并基于让与合意完成交付，甲之父母表示反对。甲使用手机 B 一周后，深感玩手机之无聊，遂将其抛弃。甲父母于一个月后得知此事，表示赞成。

分析：本案例中，丙与甲之间的赠予合同，仅仅使甲获得请求丙交付手机并使甲成为所有权人的权利，为纯获法律上的利益，甲单独作出行为仍为有效。

甲抛弃手机B之行为，属于限制行为能力人所为的单独行为，并且非纯获法律上的利益（使甲丧失权利），其法律效果为无效。无效的法律行为自始、当然、确定无效，不能由甲父母的事后追认而补正。

甲之父母于一个月后表示赞成时，应视为甲的法定代表人重新实施了抛弃的法律行为，此时甲才丧失手机B的所有权。

3. 意思与表示不一致

若意思表示以 A 为内容生效，而表示人内心真实意思是 B，此时就会发生意思与表示不一致的问题。

（1）有意的不一致

表示与意思的不一致，有时出于当事人的故意安排。例如，在通谋虚伪行为中，基于私法自治的原则，当事人一致同意的虚假行为，应尊重当事人的安排，认定其不发生效力。至于被虚伪行为隐藏的真实行为的效力，只要其没有法律行为的效力瑕疵，不因其是隐藏行为而无效。

案例 5 - 12

甲在众多朋友中，和乙交情最深，欲赠其车，为避免人情困扰，于是和乙假装做成买卖。

分析：本案例中，买卖合同为虚假行为，应为无效；赠予合同为隐藏行为，应为有效。

（2）无意的不一致

意思与表示无意的不一致，民法上称之为错误。在民法上，因表达错误而作出的法律行为可撤销，因动机错误作出的法律行为原则上不可撤销，但关于当事人、物的性质认识错误，交易上认为重要者，例外地视为内容错误（表达错误之一种）而允许撤销。

因错误而撤销意思表示，应于发现错误之日起 90 日内，向法院申请为之，并不得超过法律行为成立之日起 5 年。

案例 5 – 13

甲欲向女友求婚，到乙商场购买钻戒。到求婚之日甲才发现女友已结婚三年。

分析：本案例中，甲买钻戒的目的是向女友求婚，属于法律行为的动机，法律原则上不允许因动机错误而撤销法律行为。甲的动机错误，应自负其责。

如果改变本案例的条件，甲欲向女友求婚，但误将 A 戒指认为是纯金而购买之，实则 A 为镀金戒指。此时，甲对 A 戒指的性质认识发生错误，视为表达错误，可以撤销。但是甲应赔偿乙商场因此遭受的损失。

4. 意思表示不自由

意思表示系因胁迫，或因一方当事人恶意欺诈而作出时，该受胁迫（或受欺诈）作出表示的人可以撤销其表示。原则上对方当事人提出的问题，一方应据实回答，否则为欺诈；但如果对方提出的问题为法律所不容许，则隐匿事实并无违法性，不构成欺诈。

因第三人欺诈而撤销意思表示，需要以对方当事人知道或应当知道该欺诈行为为前提。

因欺诈或胁迫而撤销意思表示，应于发现撤销事由之日起，或胁迫解除之日起 1 年内，向法院申请为之，并不得超过法律行为成立之日起 5 年。

案例 5 – 14

甲将自有的一台老车整备后，谎称"女士一手车"以 3 万元卖与好友乙，并办理过户登记。某日，乙驾驶该车与人发生剐蹭，保险公司称，该车 10 年前就曾出险，赔付金额为 20 万元。乙大呼不妙，这才知道自己买了事故车。

分析：本案例中，乙自知受到欺诈购买了事故车，属于受欺诈作出的法律行为，可自即日起 1 年内，并不得超过购买车辆之日起 5 年内，向法院申请撤销与甲的买卖合同。

第三节

代理和诉讼时效

一 代理

代理，指代理人于代理权限内，以本人（被代理人）名义向第三人所为意思表示，而对本人直接发生效力的行为。代理制度使本人可以通过代理人实施法律行为，从而扩大了当事人私法自治的空间。能代理者，唯有法律行为。

案例 5-15

甲 10 岁，继承其父的房屋，其母乙以甲之名义刊登出租广告。丙公司总务主任丁见报后，即与乙联络，以丙公司名义订立租赁契约。

分析：本案例中，分别由乙代理甲，丁代理丙，相互订立了租赁契约。租赁契约以甲为出租人，丙为承租人，四者之间的法律关系如图 5-1 所示。

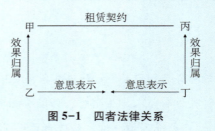

图 5-1　四者法律关系

二 代理权的发生

代理制度使一人的行为结果归属于另一人承受。此效果归属原则上应以代理权为依据。

代理权为法定者，称之为法定代理，如无行为能力人、限制行为能力人的法定代理人。

代理权由法律行为产生者，称之为意定代理。意定代理的本人与代理人之间通常有一基础关系，如委托合同。意定代理权的授予为独立于基础关系的单方法律行为的，具有无因性。

　　诉讼时效是指民事权利受到侵害的权利人在法定的时效期间内不行使权利，当时效期间届满时，人民法院对权利人的权利不再进行保护的制度。

　　《中华人民共和国民法典》一百八十八条规定：“向人民法院请求保护民事权利的诉讼时效期间为三年……诉讼时效期间自权利人知道或者应当知道权利受到损害以及义务人之日起计算……但是，自权利受到损害之日起超过二十年的，人民法院不予保护，有特殊情况的，人民法院可以根据权利人的申请决定延长。”

　　诉讼时效期间届满的，义务人可以提出不履行义务的抗辩。诉讼时效期间届满后，义务人同意履行的，不得以诉讼时效期间届满为由抗辩；义务人已经自愿履行的，不得请求返还。

案例 5 - 16

　　杨某因成立“小王爷娱乐文化有限公司”向郭某借款1亿元，约定1年后归还。在合同中两人约定：郭某作为债权人不管任何时候向杨某主张权利，杨某均不得以诉讼时效进行抗辩而拒绝还款。

　　后郭某因故前往国外出差4年。4年后郭某回国要求杨某还款，杨某总是以各种借口推脱。郭某无奈之下向湖北省襄阳市中级人民法院起诉，要求杨某归还借款，但杨某认为诉讼时效已过，要求法院驳回郭某的诉讼请求。

　　分析：本案中，郭某要求杨某还款的请求已经超过了诉讼时效，个体约定效力小于法律规定。

（一）诉讼时效的中止

　　诉讼时效的中止是指在诉讼时效期间的最后六个月内，由于出现了权利人不能行使请求权的障碍，诉讼时效中止计算。这些障碍可能包括如不可抗力、无民事行为能力人或者限制民事行为能力人没有法定代理人、继承开始后未确定继承人或者遗产管理人、权利人被义务人或者其他人控制、其他导致权利人不能行使请求权的障碍等。

　　当中止时效的原因消除后，诉讼时效并不会立即恢复计算，而是从原因消除之日起满六个月，诉讼时效期间才视为届满。这一规定旨在保护权利人在面临特定障碍时的合法权益，确保其在能够行使请求权时仍有足够的时间来维护自身权益。

（二）诉讼时效的中断

诉讼时效的中断是指，由于发生法定事由使以前经过的时效期限归于无效，时效期间从中断之时起重新计算。

当发生以下情形之一时，诉讼时效发生中断，之前的诉讼时效期间将不再继续计算，而是重新开始计算：首先，当权利人直接向义务人提出履行请求时，诉讼时效中断；其次，义务人同意履行义务，诉讼时效中断；再者，权利人提起诉讼或者申请仲裁，诉讼时效中断；最后，出现其他与提起诉讼或申请仲裁具有同等法律效力的情形，诉讼时效中断。这些规定旨在保障权利人的合法权益，确保其在积极采取行动维护自身权益时，能够拥有足够的时间来追求法律救济，同时也督促权利人积极行使权利，不要"躺在权利上睡觉"。

第四节
民法上的人

民法上认为有人格的人，可分为自然人和法人。人格为法律所创设，自然人因自然出身而取得人格，法人人格的取得则全部是由法律赋予的结果。

 **自然人**

自然人是指基于生理上的出生而享有法律人格的人。

（一）自然人的民事权利能力

权利能力是指成为权利和义务载体的能力和资格。

自然人从出生时起到死亡时止，具有民事权利能力，依法享有民事权利，承担民事义务。自然人的民事权利能力一律平等。

（二）自然人的民事行为能力

自然人的民事行为能力是指自然人以自己的意思享有民事权利、承担民事义务的能力。自然人的民事行为能力分三种：完全民事行为能力、限制民事行为能力和无民事行为能力。

（三）监护

监护制度是法律对行为能力欠缺者的制度保护。法律一方面尊重自由理性确定的意思自治的界限，另一方面又需要对行为能力欠缺者提供相应的特殊保护。

监护制度是指对未成年人和精神病人等弱势群体的人身、财产及其他合法权益进行监督、保护的民事法律制度。

1. 监护人顺序

父母是未成年子女的法定监护人。一旦未成年人的父母去世或丧失监护能力，监护职责将由一系列具备监护能力的人按特定顺序承担。首先，祖父母或外祖父母将作为首选监护人，若他们无法担任，则由成年兄姐作为次选监护人。若以上亲属均不适宜或无法担任监护人，那么其他愿意承担监护责任的个人或组织也可提出申请，但这一申请必须得到未成年人居住地所在的居民委员会、村民委员会或民政部门的批准。

对于无民事行为能力或限制民事行为能力的成年人，监护人的选择也遵循类似的顺序：首先是配偶，其次是父母和子女，最后是其他近亲属。若以上亲属均无法胜任，其他愿意担任监护人的个人或组织可以担任监护人，但同样需要获得被监护人居住地居民委员会、村民委员会或者民政部门的同意。

2. 监护人职责

监护人的职责是代理被监护人实施民事法律行为，保护被监护人的人身权利、财产权利以及其他合法权益等。

因发生突发事件等紧急情况，监护人暂时无法履行监护职责，被监护人的生活处于无人照料状态的，被监护人居住地的居民委员会、村民委员会或者民政部门应当为被监护人提供必要的临时生活照料。

案例 5 - 17

胡图图是光明幼儿园的学生。一日，胡图图在与同学小美玩耍过程中，不慎将小美推倒。幼儿园教师找到胡图图父母进行交涉。

分析：本案例中，胡图图的父母胡英俊、张小丽在法律上属于胡图图的监护人，对胡图图的民事权利进行保护，并就因胡图图过失造成的损害责任进行补充或承担。

3. 监护人职责的履行

监护人应当按照最有利于被监护人的原则履行监护职责。监护人除为维护被监护人利益外，不得处分被监护人的财产。

未成年人的监护人履行监护职责，在作出与被监护人利益有关的决定时，应当根据被监护人的年龄和智力状况，尊重被监护人的真实意愿。

成年人的监护人履行监护职责，应当最大限度地尊重被监护人的真实意愿，保障并协助被监护人实施与其智力、精神健康状况相适应的民事法律行为。对被监护人有能力独立处理的事务，监护人不得干涉。

（四）宣告失踪和宣告死亡

1. 宣告失踪

自然人下落不明满二年的，利害关系人可以向人民法院申请宣告该自然人为失踪人。

失踪人的财产由其配偶、成年子女、父母或者其他愿意担任财产代管人的人代管。失踪人所欠税款、债务和应付的其他费用，由财产代管人从失踪人的财产中支付。失踪人重新出现，有权请求财产代管人及时移交有关财产并报告财产代管情况，经本人或者利害关系人申请，人民法院应当撤销失踪宣告。

2. 宣告死亡

自然人因下落不明满四年或因意外事件下落不明满二年，利害关系人可以向人民法院申请宣告该自然人死亡。因意外事件下落不明，经有关机关证明该自然人不可能生存的，申请宣告死亡不受二年时间的限制。

被宣告死亡的人，人民法院宣告死亡的判决作出之日视为其死亡的日期；因意外事件下落不明宣告死亡的，意外事件发生之日视为其死亡的日期。

自然人被宣告死亡但是并未死亡的，不影响该自然人在被宣告死亡期间实施的民事法律行为的效力。

被宣告死亡的人重新出现，经本人或者利害关系人申请，人民法院应当撤销死亡宣告。

被宣告死亡的人的婚姻关系，自死亡宣告之日起消除。死亡宣告被撤销的，婚姻关系自撤销死亡宣告之日起自行恢复。但是，其配偶再婚或者向婚姻登记机关书面声明不愿意恢复的除外。

被宣告死亡的人在被宣告死亡期间，其子女被他人依法收养的，在死亡宣告被撤销后，不得以未经本人同意为由主张收养行为无效。

被撤销死亡宣告的人有权请求取得其财产的民事主体返还财产；无法返还的，应当给予适当补偿。

二　法人

法人是具有民事权利能力和民事行为能力，依法独立享有民事权利和承担民事义务的组织。法人的民事权利能力和民事行为能力，从法人成立时产生，到法人终止时消灭。

（一）法人的成立

一般情况下，法人的成立，需要有自己的名称、组织机构、住所、财产或者经费。有些特殊类型的法人的设立，还需要经有关机关批准才能成立。

（二）法人的分类

根据《中华人民共和国民法典》，我国法人的分类主要有以下几种。

1. 营利法人

以取得利润并分配给股东等出资人为目的成立的法人，主要包括有限责任公司、股份有限公司和其他企业法人等。

2. 非营利法人

为公益目的或者其他非营利目的成立，不向出资人、设立人或者会员分配所取得利润的法人。非营利法人包括事业单位、社会团体、基金会、社会服务机构等。

3. 特别法人

包括机关法人、农村集体经济组织法人、城镇农村的合作经济组织法人、基层群众性自治组织法人等。其中，机关法人在进行民事活动时，以法人身份出现，与对方自然人或法人一样是平等民事主体，而不是行政主体。

（三）法人的终止

法人终止的原因多种多样。一般而言，当法人因内部决策或外部

知 识 链 接

法人、法人代表和法定代表人

当谈到法人的时候，很多人常常会分不清法人、法人代表和法定代表人的区别，甚至会因此闹出笑话。其实区分它们很简单，下面就以A公司为例说明它们的区别。

法人：具有民事权利能力和民事行为能力的独立组织，即A公司。

法人代表：法人授权办理某些事项的代理人，可以更换，是自然人。此处可以理解为A公司就办理某事派出的代表B。

法定代表人：是指依照法律或法人组织章程规定，代表法人行使职权的负责人，是自然人。此处可以理解为A公司的法定代表人C。

因素导致无法继续运营时，便会发生解散，这是其终止的一种常见方式。另一种情况是，当法人陷入严重的财务困境，无法偿还到期债务时，可能会被依法宣告破产，从而终止其法律上的存在。

除此之外，还存在一些由法律规定的其他原因，例如法人因违反法律、行政法规被依法吊销营业执照、责令关闭或者被撤销；再例如非营利法人达到章程规定的终止条件时，就可能会依法终止。

值得注意的是，某些特殊类型的法人，如涉及国家重要事务或社会公共利益的法人，在终止时还需要经过相关机关的审批和核准，以确保其终止过程符合法律规定，并维护相关利益方的权益。

三　非法人组织

非法人组织是不具有法人资格，但是能够依法以自己的名义从事民事活动的组织。非法人组织包括个人独资企业、合伙企业、不具有法人资格的专业服务机构等。

第五节
民事权利

民事权利，是指民事主体为实现某种利益而依法为某种行为或不为某种行为的权利[①]。民事权利可以依据民事法律行为、事实行为、法律规定的事件或者法律规定的其他方式取得。

一　人身权

人身权是指民事主体的与其生命和身份延续不可分离而无直接财产内容的民事权利。自然人的人身权可分为人格权和身份权。

人格权是法律规定的作为民事法律关系主体所应享有的权利，主要包括姓名权、荣誉权、名誉权、生命权、身体健康权、自由权、肖像权。

身份权是指因民事主体的特定身份而产生的权利，主要包括知识产权中的人身权利、

---

① 这一表述使用较多，佟享、马俊驹各自主编的以及多本民法教材多持此表述。

监护权、公民在婚姻家庭关系中的身份权（即亲权）、继承权。

二　个人信息权益

自然人享有个人信息权益，自然人的个人信息受法律保护。任何组织或者个人需要获取他人个人信息的，应当依法取得并确保信息安全，不得非法收集、使用、加工、传输他人的个人信息，不得非法买卖、提供或者公开他人的个人信息。

三　物权

物权是指权利人对特定的物享有直接支配和排他的权利。物权的效力及于所有人，权利人以外的任何人均属于义务人。物权还具有追及效力、优先效力和排他效力。

（一）物权的分类

物包括不动产、动产和法律规定视为物的权利。物权是权利人依法对特定的物享有直接支配和排他的权利，包括所有权、用益物权和担保物权。其中，用益物权可以细分为土地承包经营权、建设用地使用权、宅基地使用权、居住权、地役权，担保物权可以细分为抵押权、质权和留置权。

（二）物权法定

物权的种类、内容和效力由法律规定，即当事人能够设立哪些种类的物权以及各种物权包含什么内容，都只能根据法律规定，不允许自由创设。物权法定原则是物权法的基本原则之一，对物权法的规范形成、权利行使和法律适用等方面有重要的指导意义。

四　债权

债权是指因为合同、侵权行为、无因管理、不当得利以及其他的法律规定等，权利人请求特定的义务人为或者不为一定行为的权利。

（一）债权的分类

合同之债是指基于合同的成立而产生的债。

侵权行为之债。侵权行为是指民事主体非法侵害公民或法人的财产所有权、人身权利或知识产权的行为。

不当得利之债。不当得利是指没有法律上或合同上的根据，取得不应获得的利益而使他人受到损失的行为。

无因管理之债。无因管理是指没有法定的或者约定的义务，为避免他人利益遭受损失，自愿为他人管理事务或财物的行为。

（二）债权债务的终止

债权债务终止的情形主要有：债务已经履行、债务相互抵销、债务人依法将标的物提存、债权人免除债务、债权债务同归于一人、法律规定或者当事人约定终止的其他情形、合同解除。

五　知识产权

知识产权，又称智力成果权，是指智力成果的创造人和工商业生产经营标记的所有人依法所享有的权利的总称。其内容包括著作权、专利权、商标权、发现权、发明权和其他科技成果权。

六　继承权

继承权是指公民依法承受死者个人所遗留的合法财产的权利。我国遗产继承的方式有四种，包括法定继承、遗嘱继承、遗赠和遗赠抚养协议。

第六节

民事责任

民事责任是民事主体违反民事义务应承担的法律后果。

民事主体依照法律规定或者按照当事人约定，履行民事义务，承担民事责任。

一　民事责任的本质

按照大陆法系的观点，民事责任是民事法律关系的构成要素之一。民事法律关系由民事权利、民事义务和民事责任三者结合而成。

民事责任使民事权利具有法律上的效力。权利的本质是法律上的利益，法律为保护特定人的权利，既赋予人在特定的法律上的利益，并以民事责任为后盾。

民事责任是连接民事权利和国家公权力的中介。民事责任如何能确保民事权利产生法律上的效力，取决于国家公权力，特别是司法机关的保护。

二 民事责任的承担方式

为保护受损方的各式各样的权益并恢复受损的法律关系，承担民事责任的方式多种多样，具体情形包括：当受到侵害时，可以要求停止侵害；存在妨碍时，可以要求排除妨碍；对于潜在的危险，可以请求消除危险；对于被非法占有的财产，可以要求返还；对于受损的财产或状态，可以要求恢复原状或进行修理、更换；对于未履行的合同义务，可以要求继续履行；对于造成的损失，可以要求赔偿；对于违约行为，可以要求支付违约金；对于名誉受损的情况，可以要求消除影响、恢复名誉，并赔礼道歉。

此外，法律还可以规定惩罚性赔偿，以起到威慑和惩戒作用。这些承担民事责任的方式可以单独适用，也可以根据实际情况合并适用。

三 民事责任的免责

因不可抗力不能履行民事义务的，不承担民事责任。不可抗力是不能预见、不能避免且不能克服的客观情况，如地震、水灾、泥石流等。

因正当防卫造成损害的，不承担民事责任。正当防卫是为了保护国家、集体、他人或自己的合法权益免受正在进行的违法行为的侵害，对侵害人进行必要限度的反击行为。

因紧急避险造成损害的，由引起险情发生的人承担民事责任。紧急避险是在发生了某种紧急危险时，为了避免造成更大的财产损害和人身伤害而不得不对他人的财产或人身造成一定的损害。

本章要点

☆ 民法是调整平等主体的自然人、法人和非法人组织之间的人身关系和财产关系的法律规范的总称。

☆ 民法的基本原则包括平等原则、自愿原则、公平原则、诚信原则、公序良俗原则、绿色原则。

☆ 私法自治，又称意思自治，指在私法关系中，个人依自己的意思决定自己的事务。私法自治能够保障人格自由发展，促进社会整体福祉。

☆ 私法自治的实现方式：法律行为，即当事人通过意思表示设立权利义务。

☆ 代理：使一人的行为结果，归属另一人承受。

☆ 诉讼时效是指民事权利受到侵害的权利人在法定的时效期间内不行使权利，当时效期间届满时，人民法院对权利人的权利不再进行保护的制度。

☆ 民法上的人包括自然人(基于出生享有法律人格，包括民事权利能力和民事行为能力)、法人(具有民事权利能力和民事行为能力的组织)和非法人组织(不具有法人资格，但能以自己名义从事民事活动)。

☆ 民事权利包括人身权、个人信息权益、物权、债权、知识产权、继承权等。

☆ 民事责任是民事主体违反民事义务应承担的法律后果。

思考与练习

1. 如何理解民法典是社会主义市场经济的"基本法"？

2. 导致法律行为无效的情形有哪些？

3. 我国民法典的基本原则有哪些？

4. 我国民法典中物权的分类有哪些？

5. 我国民法典中债的发生原因有哪些？

第六章

行政法

素质目标

- 充分认识行政法在建设社会主义法治国家中的重要地位
- 树立自身的民主法治观念，确立依法办事的原则和态度

知识目标

- 了解行政法的基本理论、制度框架
- 了解行政实体法与行政程序法的主要法律、法规
- 了解如何对行政权力进行监督制约

能力目标

- 具有运用行政法相关理论分析和解决行政纠纷的能力

如果政府部门作出的决定影响了你的生活，你该如何寻求帮助来保护自己的权益呢？这时，行政法就派上用场了。行政法全称为"行政法与行政诉讼法"，是实体法和程序法的结合。"一个官对一个民做了一个行为，然后民寻求救济的故事"，这就是行政法要规范的内容。行政法主要规定行政主体与行政行为，即实体内容；行政诉讼法主要规定公民在遭受不当行政行为侵犯时的救济，即程序内容。

行政法的主要目的在于保障公民的行政权益，这是其核心价值所在。通过学习行政法，我们可以更好地理解和维护自己的合法权益，确保政府行为在法律框架内进行，促进依法行政，保障社会公平正义。

第一节

行政法概述

 行政法的概念

了解行政法，首先应当先明确行政的概念。《现代汉语词典》对"行政"的释义是：行使国家权力；机关、企业、团体等内部的管理工作。行政有着与国家，甚至与人类社会同样长远的历史。人类一旦形成社会共同体，行政就必然伴随而生。但是行政法却不同于行政，行政法是在社会发展到一定阶段以后，才作为一个独立的法律部门出现的。科技的进步和生产关系的调整带来了经济的爆发性增长，而经济水平的大幅提升滋生了新的社会矛盾和社会问题。国家为了保障社会经济发展所必需的稳定和秩序，不断扩大政府，而行政职能的增加和行政权的扩大，也意味着公民的自由和权利可能受到侵害的威胁增大。历史经验证明，政府权力越大，其滥用的可能性就越大，公民的自由和权利受到侵害的可能性就越大。因此，社会必须创立一种机制，在扩大行政权的同时加大对行政权的控制和制约，使之正当行使而不致被滥用，这种控制和制约机制就是行政法。

综上所述，我们可以将行政法定义为，调整行政法律关系的、规范和控制行政权力的法律规范体系。

二 行政法的渊源与我国行政法的建立

中华人民共和国成立之初，行政法从翻译、引进苏联的行政法概念及其理论体系起步，在此基础上开始尝试建立具有中国特色的社会主义行政法学理论。然而，接踵而来的反右斗争、"文革"等一系列运动中断了法制建设的步伐，正在萌芽中的行政法治遭到严重的破坏。我国在改革开放之前的数十年可以说基本上没有行政法的实践，更未形成和确立行政法的概念和观念，即使是仅从行政管理工具的意义上来看也是极不发达的。直至 1978 年十一届三中全会提出健全社会主义法制的要求，行政法才逐步开始复兴。

1979 年 4 月，中国社会科学院法学研究所的刘海年研究员等在《人民日报》上发表了《健全和严格执行行政法》，该文一般被认为是改革开放后最早发表的行政法论文。1986 年 10 月，对我国当代行政立法产生重要影响的组织——行政立法研究组成立。以行政立法研究组的成立为标志，我国的行政法治建设进入了以立法为先导的快速发展阶段。1989 年《中华人民共和国行政诉讼法》建立了"民告官"制度；1990 年通过《行政复议条例》，以行政复议、行政诉讼和国家赔偿制度为载体的，具有中国特色的行政监督和救济制度基本确立；《中华人民共和国国家赔偿法》于 1994 年通过，从而开始真正落实《中华人民共和国宪法》所规定的"由于国家机关和国家工作人员侵犯公民权利而受到损失的人，有依照法律规定取得赔偿的权利"；1996 年，《中华人民共和国行政处罚法》出台，该法对行政处罚的种类、设定、程序、执行、救济几类问题进行了规范，贯彻了法律优先和法律保留原则，创立了听证制度，具有重大的创新意义；1999 年"依法治国"被写入宪法，同年底，国务院颁布了《关于全面推进依法行政的决定》。至此，诸多研究成果的诞生和应用，标志着行政法学已经"走出低谷"，行政法学研究也开始步入黄金年代。

第二节

行政法的基本原则

行政法基本原则是指体现行政法的根本价值，贯穿于行政法律规范之中，指导行政法的制定、执行、遵守以及解决行政争议的基本准则。

一　合法行政原则

合法行政原则是行政法最核心的原则，其他原则都要服从于本原则，属于形式法治的范畴。它包括两个子原则。

一是法律优先，这是消极意义上的要求，即行政机关的任何决定都不能与法律相抵触。

二是法律保留，这是积极意义上的要求，即行政机关的任何活动都必须先取得法律的授权，无授权则无行政。

案例 6-1

某综合执法局认定某公司投资建设的项目欠缴易地建设费 3 468 584.64 元，违反《贵州省人民防空条例》第十条之规定，对某公司下达行政处罚决定书，决定对某公司进行警告、责令限期缴清人防易地建设费，并处罚款 10 万元。行政处罚决定书于当日送达给某公司，经两次催告，某公司未履行，某综合执法局遂向法院提出强制执行申请，但人民法院却作出了不准予执行的裁定。

分析：本案系贵州高院 2022 年十大行政审判典型案例——某综合执法局申请执行某公司行政处罚案。基于合法行政原则中法律保留的要求，行政机关作出的超越职权或明显缺乏法律依据的行政行为，均属于违法行政行为，法无授权不可为。行政机关申请执行其违法行政行为的，法院应当裁定不准予执行。本案中，某综合执法局不具有征缴易地建设费的法定职权，其责令某公司缴纳易地建设费，明显超越职权，且其在一个决定中同时作出征收的决定和处罚的决定，明显缺乏法律依据。法院对其申请依法裁定不准予执行。

二　合理行政原则

合理行政原则属于实质法治的范畴，包括三个子原则。

一是平等原则，要求行政机关要平等地对待每一个行政相对人。

二是考虑相关因素原则，即行政主体在超出行政行为时，只能考虑有助于实现行政目的的、最相关的因素，不能考虑其他无关因素。

案例 6 - 2

杨某某系某公司职工，该公司在盂县医疗保险中心为其正常缴纳职工医保。2021 年 4 月，杨某某在妊娠 29 周时药物引产分娩俩死胎。盂县医疗保险中心给杨某某计算并支付了 42 天的生育津贴。杨某某认为，盂县医疗保险中心应向其发放 98 天的生育津贴，于是向该中心反映。后盂县医疗保险中心因杨某某怀孕时使用了试管婴儿技术，故不但没有补足其生育保险费用，还将已发放给其单位的生育保险费用全部扣回。杨某某认为盂县医疗保险中心的行为既不合理又不合法，故提起本案诉讼。法院认为盂县医疗保险中心因杨某某使用试管婴儿技术而拒不支付其生育保险费用的行为于法无据，遂判决责令盂县医疗保险中心限期重新作出行政行为。

分析：本案系山西高院 2022 年十大行政审判典型案例——杨某某诉盂县医疗保险中心给付生育保险金案。行政主体在作出行政行为时，只能考虑有助于实现行政目的的、最相关的因素，不能考虑其他无关因素。生育津贴的发放只与妊娠分娩的事实相关，与是否自然怀孕无关，与分娩后胎儿是否存活也无关。医疗保险中心作为法律法规授权组织，以女职工怀孕系采用试管婴儿技术手段为由，拒绝发放生育津贴没有法律依据，违反了考虑相关因素原则，违法限缩了行政相对人依法享有的权利。

三是比例原则，即行政机关作出行政行为时，应兼顾行政目标的实现和行政相对人权益的保护。如果为了实现行政目标可能对行政相对人权益造成不利影响，则应当将不利影响限制在尽可能小的范围内，使二者处于适度的比例。

案例 6 - 3

鑫润达公司依法取得食品经营许可证，经营项目为热食类食品销售。2022 年 1 月 11 日，长治市开发区市场监督管理分局对鑫润达公司经营场所进行现场检查发现，2021 年 12 月至 2022 年 1 月期间，鑫润达公司超出经营范围在网络平台销售凉菜，价值共计 300 元。长治市开发区市场监督管理分局依据《网络食品安全违法行为查处办法》第十六条第一款、《中华人民共和国食品安全法》第一百二十二条规定，对鑫润达公司作出没收违法所得 300 元，罚款 52 000 元的行政处罚。鑫润达公司不服，提起诉讼，请求撤销上述处罚决定。法院认为，52 000 元罚款违反过罚相当原则，明显不当，遂将判决变更为"罚款10 000元"。

分析：本案系山西高院2022年十大行政审判典型案例——鑫润达公司诉长治市开发区市场监督管理分局行政处罚案。行政处罚应遵循比例原则，行政机关在作出行政处罚时应当确保行政处罚与违法行为人的主观过错、违法情节以及社会危害程度处于恰当的比例，使行政处罚的实施既有力度，也有温度。本案中，鑫润达公司超出食品经营许可证经营范围在网络平台销售凉菜，但销售额仅为300元，未造成实际危害后果，且在行政机关立案查处后立刻停止了违法行为，并进行整改，行政机关对其作出罚款52 000元的行政处罚明显过当。

三　程序正当原则

程序正当在行政法中是一项重要原则，它包括三个子原则。

一是行政公开原则，即除涉及国家秘密、依法需要保护的商业秘密、个人隐私外，为保护公民的知情权，行政机关实施行政行为应当公开。

二是公众参与原则，即行政机关在作出重要决定时，应当听取公众的意见。

三是公务回避原则，即行政主体工作人员履行职责时，如与行政相对人存在利害关系，应当回避。

案例 6－4

田永1994年9月考取北京科技大学（简称北科大），取得了本科生学籍。1996年2月底，田永在电磁学这一课程的考试过程中作弊被监考老师发现，当即被停止了考试。随后，他的行为被认定为作弊，学校对他作出退学处理。同年4月10日，学校填发了学籍变动通知，但是均未直接向田永本人送达、宣布，也未实际办理手续。田永继续在学校以该校大学生的身份参加正常学习及学校组织的活动。他的学生证丢失时，学校还予以补办。每学年继续收取田永的学宿费，并为他进行学籍注册、发放大学生补助津贴、安排参加毕业实习设计等。之后田永被安排重修了电磁学，也取得了英语四级、计算机应用水平测试等合格证书，论文答辩通过并获得了优秀，总成绩为全班第九名。

直到 1998 年 6 月，田永所在院系向北科大报送授予学士学位表时，北科大以田永已按退学处理，不具有北科大学籍为由，拒绝为其颁发毕业证，也未向有关教育行政部门呈报毕业派遣资格表。田永认为自己符合大学毕业生的法定条件，北科大拒绝给其颁发毕业证、学位证是违法的，于是向法院提起行政诉讼。两审法院均认定北科大的行为违法，田永最终成功通过法律捍卫了自身的权利，取得了北科大的毕业证与学位证。

分析：本案系最高人民法院指导案例 38 号——田永诉北京科技大学拒绝颁发毕业证、学位证案。法院生效裁判认为：退学处理决定涉及原告的受教育权利，为充分保障当事人权益，被告应将此决定向当事人送达、宣布，并允许当事人提出申辩意见，而被告既未依此原则处理，也未实际给原告办理注销学籍、迁移户籍、档案等手续，违反了程序正当原则。

四 高效便民原则

高效便民原则包括两个子原则。

一是行政效能原则，即要求行政机关积极履行法定职责，且遵守法定时限，讲求效率。例如，《中华人民共和国行政复议法》第三十条规定"行政复议机关收到行政复议申请后，应当在五日内进行审查"，法律对于五日内审查这一时效的规定，就体现了行政效能原则。

二是便利当事人原则，即在行政活动中要尽量减少行政相对人的程序性负担，秉持执法为民的理念。例如，政务大厅的出现把许多不同政府部门集合到一起，方便人民群众办理业务，一些业务线上申请或者口头提出都可受理，这都是便利当事人原则的体现。

案例 6-5

2011 年至 2012 年期间，树某与案外人因杉木的权属发生争议，争议杉木被暂扣于某乡林业站。2017 年，某镇政府作出争议杉木为树某所有的处理决定。某县政府复议维持某镇政府的处理决定。随后，树某多次要求返还暂扣的杉木未果。2020 年 12 月，树某因杉木腐烂、要求赔偿的问题与某镇政府就赔偿事宜未达成一致，遂提起行政诉讼，要求确认某镇政府拒绝返还杉木行为违法并要求某镇政府赔偿。法院判决确认某镇政府拒绝返还杉木行为违法并判决某镇政府裁定赔偿责任。

分析：本案系贵州高院2022年十大行政审判典型案例——树某诉某镇政府行政赔偿案。行政机关作出行政行为应遵守行政效能原则，如不能及时作出处理决定，对暂扣的鲜活产品或其他易腐物品应当及时采取有效措施进行处理，因保管不当或延时处理致物品毁损的，应当承担赔偿责任。本案中，因行政机关在长达8年的时间里怠于返还杉木致杉木腐烂，应承担赔偿责任。

五　诚实守信原则

诚实守信原则包括两个子原则。

一是行政信息真实原则，即行政主体公布的信息应当全面、准确、真实。

二是信赖利益保护原则，即非因法定事由、通过法定程序，行政机关不能撤销、变更已经生效的行政决定。

案例 6-6

A市政府发布人才引进公告，称硕士以上学历来傲天市工作，与本市企事业单位签订3年以上劳动合同即可每个月获得1000元补贴。小王硕士毕业来傲天市工作，满足条件前往市政府领取补贴时，市政府却拒绝支付。

分析：市政府违反了行政信息真实原则；如市政府虽然同意支付补贴，但却只支付小王500元，并表示以后每个月补贴都只有500元了，这就违背了信赖利益保护原则。

六　权责统一原则

法律在赋予行政机关权力的同时，也必然赋予其义务与责任。行政主体如不履行其法定职责或是违法行使职权，都必须承担相应的法律责任。

行政主体

任何法律、任何规章制度都有其适用的范围，也就是其需要调整的社会关系。我们与亲朋好友之间的亲友关系、与男女朋友之间的恋人关系等等，这都属于社会关系，但这些社会关系并不属于行政法的调节范围。行政法所调节的是一种特殊的社会关系，我们将其称为行政法律关系。所谓行政法律关系，是指由行政法调整的，在行政主体行使职权时与行政相对人形成的一种行政法上的权利与义务关系。

行政主体（也称执法主体）与行政相对人是一组相对的概念。行政相对人，是行政权力作用的对象，比如被罚款的车主、因斗殴被行政拘留的小伙子等。我们每一个老百姓、企业等，只要处于行政法律关系中，受到了行政权力的影响，就是行政相对人。行政主体则较为复杂，主要分为行政机关和法律、法规授权的组织两类。

案例 6-7

小王刚刚新买了一辆豪车，兴奋不已，在马路上闯红灯狂飙而被公安局处以罚款并吊销驾照。

分析：此时公安局与小王之间的关系就是一种行政法律关系，该公安局为行政主体，小王为行政相对人。

一 行政机关

所谓行政机关，是指依宪法或行政组织法的规定而设置的行使国家行政职能的国家机关，包括我们熟悉的各级人民政府、人民政府的各组成部门（如公安局、教育局等），以及直属机构（如金融监督管理局）、直属特设机构（如国有资产监督管理委员会）、部门管理的机构（如药品监督管理局）等。把握行政机关的含义有几个要点。

（一）行政机关是国家机关，由国家设置，代表国家行使国家职能

这一点使行政机关与政党、社会组织、团体相区别。政党，特别是执政党（如我国共产党），虽然能对国家政治、经济的发展起重要的甚至是决定性的影响作用，但它们不是国家机关。

（二）行政机关是行使国家行政权的国家机关

这一点使行政机关与立法机关、司法机关相区别。立法机关、司法机关虽然也同为国家机关，但立法机关行使的是国家立法权，司法机关行使的是国家司法权，例如法院行使审判权、检察院行使检察权。而行政机关行使的是国家行政权，即依照法律赋予它的权限，管理国家各项事务的权力。

（三）行政机关是依宪法或行政组织法的规定而设置的行使国家行政职能的国家机关

这一点使行政机关与法律、法规授权的组织（如大学，具有学位授予权；注册会计师协会，有权颁发注册会计师资格证）区别开来。法律、法规授权的组织不是依宪法或行政组织法设置的，它们行使一定的行政职能是基于具体法律、法规的授权。因此，行政机关是固定的、基本的行政主体，而法律、法规授权的组织只有在行使所被授予的行政职权时才具有行政主体的地位。

二 法律、法规授权的组织

法律、法规授权的组织是指依具体法律、法规授权而行使特定行政职能的非国家行政机关组织。法律、法规授权的组织范围较广，包括居民委员会、村民委员会、律师协会、注册会计师协会、高等院校等。这些组织在授权范围内可以自己的名义对外行使权力，也可以自己的名义对外承担法律责任。这些组织虽本不属于行政机关，但在授权范围内，却是实质上的行政机关。

有代表性的法律、法规授权的组织主要包括：基层群众性自治组织、行业组织、事业与企业组织、行政机关的内设机构和派出机构。

（一）基层群众性自治组织

基层群众性自治组织即为我们熟知的居民委员会和村民委员会。基层群众性自治组织的工作受基层人民政府或其派出机构指导，依据《中华人民共和国城市居民委员会组织法》《中华人民共和国村民委员会组织法》的授权行使多项行政职能，包括调解民间纠纷、协助维护社会治安、计划生育、优抚救济等多项工作。

（二）行业组织

行业组织是现代社会发展最快、最广泛的社会公权力组织。行业组织是由公民、法人或其他组织在自愿基础上，基于共同的利益要求所组成的一种民间性、非营利性的社会团体。行业组织是行业成员利益的代言人和维护者，同时，亦是行业成员与政府之间的沟通者和协调者。这些组织既可以根据组织章程行使各种相应的社会公权力，同时亦可接受法律、法规授权行使特定职能。例如，《中华人民共和国注册会计师法》授权注册会计师协会制定和组织实施注册会计师统一考试办法，受理和办理注册会计师的注册等。《中华人民共和国律师法》授予律协多项行政性职能，包括保障律师依法执业、维护律师合法权益、制定行业规范和惩戒规则等。

(三)事业与企业组织

法律、法规授权事业组织行使特定的行政职能是很普遍的情况。例如，《中华人民共和国教育法》授权公立学校及其他公立教育机构招收学生或者其他受教育者，对受教育者进行处分(包括开除学籍)，对受教育者颁发学业证书，聘任教师、职工以及对之实施处分等。

相对于事业组织来说，法律、法规较少授权企业组织行使行政职能。因为企业组织主要以营利为目的，因而往往与行使行政职能具有利害关系。但这种情况也不是绝对的，例如，《中华人民共和国烟草专卖法》授权全国烟草总公司和省级烟草公司行使下达卷烟产量指标的行政职能。

(四)行政机关的内设机构和派出机构

根据行政组织法的一般原理，行政机关的内设机构和派出机构不能以自己的名义独立对外作出行政行为和承担法律责任，即不能成为独立的行政主体。但在某些特殊情况下，为行使行政职能的方便，法律、法规也会授权行政机关的内设机构或派出机构独立作出某种特定行政行为，并赋予其行政主体的资格。最典型的就是我们熟知的公安派出所，派出所是公安局的派出机构，《中华人民共和国治安管理处罚法》第九十一条授权其直接行使一定的行政处罚权(警告和五百元以下的罚款)。如此一来，公安派出所在此有限的范围内即取得了行政主体的地位。

三 界定行政主体的意义

明确行政主体的概念有两个重要的作用。

(一)解决了行政诉讼被告的识别问题

行政诉讼上的被告一定是行政主体。法院判决之后，被告必须不折不扣地执行判决，所以其必须有完全的能力自行纠正违法行政行为，这样才能充分实现原告的诉求。在法律上没有权力改正违法行政行为的，就不是适格的被告。

(二)解决了执法资格问题

当行政行为的有效性产生争议时，行政行为的实施主体如不具有行政主体资格，且又不存在行政委托的，则该行政行为无效。

第四节

行政行为

行政行为即为行政主体行使行政权的行为。好比民事法律行为在民法上的地位，行政行为可谓是行政法的核心。行政法所讲的故事永远是官（行政主体）对民（行政相对人）做了什么事（行政行为），而这个故事就是基于这个行政行为合不合法、是否恰当、是否侵犯了公民的权益、如何救济等展开的。行政行为主要可以分为抽象行政行为和具体行政行为。

一　抽象行政行为

抽象行政行为是指行政主体以不特定的人或事为对象，制定具有普遍约束力的规范性文件的行为，例如行政立法。许多城市都有的车辆尾号限行，以及某地政府针对人才引进，发布大学毕业生可优先落户的政策等，这些都属于抽象行政行为。

二　具体行政行为

具体行政行为是指行政主体针对特定的人或事所采取的具体措施，如工商局吊销某企业的营业执照，大学开除某名学生的学籍，某男子因在公共场合抽烟被罚款 200 元，以及本章第三节中小王飙车被罚款的例子，等等，只要行政相对人是特定的，那就都是具体行政行为。考虑到具体行政行为的重要性，本章第五节会对其进行详细介绍，在此不再赘述。

三　抽象行政行为与具体行政行为的区别

区分抽象行政行为与具体行政行为可以从以下两个方面着手。

(一)对象是否特定

抽象行政行为以普遍的、不特定的人或事为行政对象，它的波及范围较广，内容较为抽象、类型化(如所有开车的公民)，针对的是某一类人或事(如佛山市的全体居民)，而非特定的人或事(如张三或者李四)。

(二)效力是否持续

抽象行政行为具有后及力，它不仅适用于当时的行为或事件，而且适用于以后将要发生的同类行为或事件，可以反复适用。例如一个城市实行车辆限号措施，一限就是几个月甚至好几年。而具体行政行为往往是一次性的，不能反复适用。例如，小帅嫖娼被罚款，只会罚一次，不可能之后几个月天天罚款。

划分抽象行政行为与具体行政行为具有重要的意义，因为它对确定行政救济(行政复议和行政诉讼)的受案范围具有重要作用。一般来说，我们只有对具体行政行为不服才有可能进行行政复议或直接提起行政诉讼，而抽象行政行为则一般不属于行政复议和行政诉讼的受案范围。

第五节

具体行政行为

具体行政行为主要包括行政许可、行政处罚、行政强制。

一　行政许可

行政许可是指在法律一般禁止的情况下，行政主体根据行政相对人的申请，通过颁发许可证或执照等形式，依法准予特定的行政相对人从事特定活动的行政行为。例如，司法部向通过国家统一法律职业资格考试的考生颁发法律职业资格证，工商局向通过审核的企业颁发营业执照，出售烟草需要向烟草局申请烟草专卖零售许可证，等等。

二　行政处罚

行政处罚是指行政主体依法对违反行政法规尚未构成犯罪的行政相对人给予行政制裁的行政行为。行政处罚可以分为四个种类。

（一）人身罚

最典型的人身罚即为行政拘留。行政拘留又称治安拘留，是公安机关依法对违反行政法律规范（特别是治安管理法律规范）的人，在短期内限制其人身自由的一种处罚。例如公安机关对寻衅滋事者处以行政拘留，就属于这一种类。

（二）财产罚

财产罚是指使被处罚人的财产权利和利益受到损害的行政处罚，包括罚款、没收等。

（三）行为罚

行为罚即限制、剥夺行政相对人行使一些行为的权力，包括责令停产停业，暂扣、吊销许可证、执照等。行为罚往往是严厉的，试想一名律师因不当行为被剥夺律师执业资格，这无疑是毁灭性的打击。

（四）申诫罚

申诫罚也称名誉罚。申诫罚通过对名誉、声誉的羞辱达到制裁效果，适用于情节轻微的行政违法行为，包括警告、通报批评。

三　行政强制

行政强制是指行政相对人违反义务或者不履行义务时，为了确保行政的实效性、维护公共利益，行政主体自行或向人民法院申请，对行政相对人的财产以及人身等予以强制而采取的措施。行政强制不是一个结果，而是一个过程，它的存在是为了保证某个行政决定（此时也称"基础决定"）的实现。

行政强制分为行政强制措施和行政强制执行。

（一）行政强制措施

行政强制措施，是指在行政执法过程中，为了制止违法行为、防止证据毁损灭失、控制危险扩大等，依法对公民的人身自由进行暂时性的限制或者对公民的财物进行暂时性的控制的行为。

（二）行政强制执行

行政强制执行是指行政主体自行或者向法院申请对不履行行政决定的行政相对人，依法强制其履行义务的行为。

小王逃税，税务局通知银行冻结小王的银行账户。

分析：这就是行政强制措施。冻结只是暂时性地让小王丧失对自己银行账户的支配权，并没有实际减损小王的财产。但如果税务局直接通知银行划拨小王银行账户中的存款，那就属于行政强制执行了。行政强制执行的存在就是为了在行政相对人不履行行政决定时，通过国家强制力直接实现。

第六节

行政救济

"有权利则必然有救济"。行政救济，是指为合法权益受到行政主体侵害的行政相对人提供法律补救的制度，主要包括行政复议、行政诉讼、国家赔偿。考虑到《中华人民共和国国家赔偿法》的独立性，本书将国家赔偿放至本章最后一节单独讨论，不在此节赘述。

行政复议，是指行政相对人认为行政机关的具体行政行为侵犯其合法权益，依法向行政复议机关提出申请，行政复议机关依照法定程序对被申请的具体行政行为的合法性、合理性进行审查后，作出决定的活动。

行政诉讼，是指行政相对人认为行政机关的具体行政行为侵犯其合法权益，依法直接或者经行政复议后向人民法院提起诉讼，人民法院依法定程序对被起诉的具体行政行为的合法性进行审查后，作出裁判的活动。

一 行政诉讼与行政复议的异同

行政诉讼与行政复议都是行政相对人在遭受行政行为侵害时的救济手段，这注定了其内核是相似的。那两者有什么异同点呢？

（一）审查内容基本一致

行政诉讼和行政复议直接针对的对象都只能是具体行政行为，而不能是抽象行政行为。

案例 6-9

　　小王所在的 A 市实行车辆单双号限号，导致小王经常不能开车出行，市政府的限号命令就属于抽象行政行为，因而小王不能对该命令提起行政复议、行政诉讼。

(二)审查深度略有区别

　　行政诉讼与行政复议当然都以行政争议为审查对象，这毋庸置疑，但对行政争议审查到哪一个层级又有区别。在行政法中，判断一个行政行为有合法性与合理性两个层级。合法性只看行政主体作出的行政行为是否符合相关法律规范的规定，是否取得了足够的授权。而合理性在已经满足合法性的前提下，还要具体衡量这个行政行为是不是恰当，在实现行政目标和采取的行政行为之间是不是达成了恰当的平衡，如使用轻缓的行政行为就可以解决问题，就不能盲目使用严厉的手段。行政诉讼只审查争议行政行为的合法性，而行政复议在审查合法性的基础上，还会进一步地审查合理性。

案例 6-10

　　小王和小李因为谁更有魅力的问题争执不休，吵闹中小王轻轻推搡了小李一下，小李即刻报警，民警到达现场后对小王作出了行政拘留 15 天的决定。

　　分析：在本例中，公安局无疑有权利作出行政拘留 15 天的行政处罚决定，是具有合法性的；但仅仅轻轻推搡一下，并没有造成任何后果，对小王行政拘留 15 天显然太过严厉，是不具有合理性的。

(三)争议结构基本相同

　　首先，任何行政救济的结构都一定是"民告官"，在行政诉讼中则体现为：原告（"民"，也就是行政相对人，即为公民、法人、其他组织），被告（"官"，也就是行政主体，如市政府、公安局等），居中裁判的当然就是各级人民法院。

　　行政复议中也是一样的结构：复议申请人（"民"，即为行政相对人，也就是行政诉讼中的原告），复议被申请人（"官"，即行政主体，也就是行政诉讼中的被告），居中审核的就是复议机关(对应行政诉讼中的法院)。

(四)解决效率不同

行政复议具有便捷高效的特点。行政复议的一般程序较为简易而且成本低廉、救济迅速。行政诉讼是法院对行政行为的司法审查,具有严格的程序,周期较长。在及时解决争议方面,复议制度有其快捷便利的优势。

(五)审查结果不同

行政复议和行政诉讼都解决行政争议。行政复议建立在行政机关之间的领导关系之上,行政诉讼建立在分权基础之上。具体而言,行政复议是行政机关上级对下级的监督,上下级行政机关具有同质性,都行使行政权,把握行政政策,上级行政机关有权改变、撤销下级行政机关作出的违法、不当决定。行政诉讼是司法对行政的控制,司法权与行政权不同,不能以司法权代替行政权,故司法机关只能撤销而不能改变行政机关的违法决定。并且对于复议决定,行政机关只能服从执行,不得向法院起诉。因为"下级服从上级,地方服从中央"。对于法院判决,行政机关不服的,可以上诉。

二 行政诉讼与行政复议的衔接

行政复议、行政诉讼各自独立但又彼此衔接,首尾相继,共同构成了中国行政救济体系。一般情况下,行政相对人可以自主选择行政诉讼或是行政复议,只不过,如果当事人选择通过行政复议解决,即使对复议结果不服,也不能申请第二次复议,但还可以提起行政诉讼;但如果直接提起行政诉讼的话,则不能再申请行政复议了。这里有一个例外情况,即对省部级单位的行政行为,向原机关申请行政复议后,除了提起行政诉讼,还可以向国务院申请二次复议,这也称为国务院裁决,而如果选择国务院裁决,则终局不可诉,不能再提起行政诉讼。

案例 6-11

小王驾驶自己新买的轿车出门兜风,沿途风景秀丽,小王将路边的实线误认为停车线,于是把车停下后便下车观赏美景,路过的交警误以为是违章停车,便给汽车贴上了罚单。小王回到停车位后发现了罚单,便第一时间向开具罚单的交警大队理论,交警大队在核实情况之后,认为小王确实属于违章停车,拒绝撤销罚款。小王于是向上级交警支队申请撤销该罚款。随后交警支队经过审查后却仍维持决定,小王不放弃,将交警大队与交警支队作为共同被告告上法庭。

分析：第一次，小王向上级交警中队申请撤销罚款为行政复议；第二次，小王将交警大队与交警支队告上法庭，为行政诉讼。

三 行政复议机关

行政复议机关，是指依照法律规定，有权受理行政复议申请，依法对被申请的行政行为进行合法性、合理性审查并作出行政复议决定的行政机关。需要注意的是，只有行政机关才能做行政复议机关，其他的行政主体(如法律、法规授权的组织)都不可以成为行政复议机关。

(一)省级以下政府组成部门

对县级以上地方各级人民政府工作部门作出的具体行政行为不服的复议，由该部门的本级人民政府或上一级主管部门管辖。

(二)垂直领导机关

对实行垂直领导的行政机关作出的具体行政行为不服的，由上一级主管部门管辖。垂直领导的行政部门主要包括：海关、金融、外汇管理、国安、税务等。也就是说，对市税务局作出的行政行为不服，只能向省税务局申请复议，而因垂直领导机关并不受地方政府管辖，故不能向本级人民政府申请行政复议。

(三)省级以下政府

对地方人民政府的具体行政行为不服的，向上一级地方人民政府申请复议。地方人民政府之间系上下级领导关系，对市政府作出的具体行政行为不服的，当然应当向省政府申请复议。

(四)国务院组成部门及省级政府

对国务院组成部门或者省、自治区、直辖市人民政府的具体行政行为不服的，向作出该具体行政行为的国务院部门或者省、自治区、直辖市人民政府申请复议。对行政复议决定不服的，可以向人民法院提起行政诉讼，也可以向国务院申请二次复议，这也称为国务院裁决。例如对公安部的行政行为不服，提起行政复议的机关仍然是公安部，如对公安部的复议结果不满意，则可以向北京市中级人民法院提起行政诉讼或者向国务院申请进行裁决。

四 行政诉讼的管辖

行政诉讼的管辖是指不同地域与不同级别之间的法院受理第一审行政案件的分工，分为级别管辖和地域管辖两部分。

（一）级别管辖

1. 基层人民法院

原则上基层人民法院管辖第一审行政案件，除法律规定由上级法院管辖的情形外，行政案件都由基层人民法院管辖。

2. 中级人民法院

以国务院部门、县级以上人民政府为被告的案件，以海关、证交所为被告的案件，社会影响重大的共同诉讼案件，涉外以及涉及港澳台的案件，均由中级人民法院管辖。

3. 高级人民法院

高级人民法院管辖本辖区内重大、复杂的第一审行政案件。

4. 最高人民法院

最高人民法院管辖全国范围内重大、复杂的第一审行政案件。值得一提的是，最高人民法院迄今为止还尚未管辖过第一审行政案件。

（二）地域管辖

1. 一般地域管辖

除法律有特殊规定之外，行政案件由最初作出行政行为的行政主体所在地的人民法院管辖。

2. 不动产案件

因不动产而提起的行政诉讼，由不动产所在地的人民法院管辖。

3. 经复议的案件

只要是经过复议的案件，无论复议结果是维持还是改变，原告既可以向原机关所在地法院起诉，也可以向复议机关所在地法院起诉。

4. 限制人身自由的案件

被行政机关限制人身自由的人，亲自向限制自己人身自由的行政机关提起行政诉讼时，不仅可以向行政机关所在地法院起诉，也可以向自己的所在地法院起诉。

家住 A 市的小王前往 B 市旅游,在 B 市大风大浪海鲜饭馆用餐,饭饱喝足后正要买单,发现一只虾定价 188 元,遂与店家发生争执。争执中小王将老板打成轻微伤,之后 B 市公安局对小王处以行政拘留 15 天,罚款 500 元。小王认为处罚偏重,欲以 B 市公安局为被告提起行政诉讼。

分析:此时小王本人既可以向 B 市法院,也可以向 A 市法院对该公安局提起诉讼。

第七节

国家赔偿

国家赔偿,是指国家行政机关及其工作人员在行使职权的过程中侵犯公民、法人或其他组织的合法权益并造成损害,由国家承担赔偿责任的制度。国家赔偿包括行政赔偿与司法赔偿两部分。

那到底在什么情况下可以申请国家赔偿呢?国家对何种行为需要进行赔偿?这就涉及国家承担赔偿责任的标准,我们将其称为归责原则。不同的行为对应了不同的归责原则,具体来说有以下三种。

一 过错归责

行政机关的人员因事实行为造成行政相对人损害的,适用过错归责原则。事实行为是法律行为的对称,是指行为人不以法律上的意思表示所为的行为,例如吃饭、逛街、谈恋爱等。我们在做这些行为的时候都没有想去设定、变更、终止任何的法律关系,这样的行为都称为事实行为。而所谓过错归责,即以一般人的理性为标准,判断是否尽到了合理的注意义务,如果未尽到合理的注意义务则应当赔偿。

二 结果归责

只要是司法机关对公民实施了逮捕,或者判处了拘役、有期徒刑并实际执行,但之后又通过撤销案件、不起诉或者宣告无罪等方式确定公民无罪的，国家都应当承担赔偿责任。

三 违法归责

除了事实行为以及错捕、错判之外的所有行政行为侵权，都适用违法归责，也就是说违法即赔偿，不违法则不赔偿。

案例 6－13

民警在追捕小王的时候，为闪躲其他车辆，不慎撞到了路边小李的轿车，这就属于事实行为。如民警在抓捕过程中道路狭窄、车辆密集，虽然已经十分小心，但仍不小心撞到了小李的轿车。

分析：此时可以认为公安民警已经尽到了一般的注意义务，没有过错，小李不能申请国家赔偿，但可以通过行政补偿的方式解决。

经过一番追逐，小王最终被民警逮捕，经过审判被判处有期徒刑13年。但在执行到第3年时，公安在处理另一起案件时发现小王是被有意栽赃陷害的。

分析：此时虽然公安、法院在程序上并无违法之处，但只要错捕、错判，就应当承担赔偿责任。

本章要点

☆ 行政法是指调整行政法律关系的、规范和控制行政权力的法律规范体系。它能规范和控制行政权力，确保行政行为的合法性和合理性。

☆ 行政法的发展与社会经济的发展密切相关。改革开放后，我国行政法逐步复兴，建立了具有中国特色的行政法学理论。

☆ 行政法的基本原则包括合法行政原则、合理行政原则、程序正当原则、高效便民原则、诚实守信原则、权责统一原则。

☆ 行政主体包括国家行政机关和法律、法规授权的组织。国家行政机关是依法行使国家行政职能的国家机关，法律、法规授权的组织是依具体法律、法规授权行使特定行政职能的非国家行政机关组织。

☆ 行政行为包括抽象行政行为和具体行政行为。抽象行政行为是指行政主体以不特定的人或事为对象，制定具有普遍约束力的规范性文件的行为；具体行政行为是指行政主体针对特定的人或事所采取的具体措施。

☆ 国家赔偿是指国家行政机关及其工作人员在行使职权过程中侵犯公民、法人或其他组织的合法权益并造成损害，由国家承担赔偿责任的制度。

☆ 国家赔偿的归责原则包括过错归责、结果归责和违法归责三种。

思考与练习

1. 行政法的基本原则有哪些？

2. 如何理解"行政主体"的概念？

3. 什么是行政行为，何种行政行为具有可诉性？

4. 如何理解行政诉讼与行政复议之间的异同？

5. 国家赔偿的归责原则有哪些？

第七章

环境法

【学习目标】

素质目标

- 树立正确的环境法律意识和环境保护意识
- 熟悉、掌握环境法基础知识

知识目标

- 了解环境法以及当前环境法典编纂动态
- 掌握环境法的基本原则
- 熟悉环境法律和重要案例

能力目标

- 能够阐述环境的法律概念
- 能够判断环境问题的法律依据

本章导入

　　每一天，我们都能够呼吸清新的空气、饮用干净的水、欣赏美丽的城市景观，这些看似平常的事情背后，其实都有法律的保护。环境法以保护和改善环境、预防和治理人为环境损害为目的，调整人类和环境的利用关系，协调社会经济发展与环境保护，将生态文明建设必须遵循的基本理念、基本原则、基本制度以法律形式确立下来。建设生态文明是中华民族永续发展的千年大计。只有实行最严格的制度、最严密的法治，才能为生态文明建设提供可靠保障。

第一节

环境法概述

　　党的十八大以来，习近平总书记多次强调生态文明建设在国家发展全局中的重要地位，高屋建瓴地提出了绿水青山就是金山银山的理念，擘画了一条人与自然和谐共生的现代化道路。生态文明建设是关系人民福祉、关系民族未来的长远大计，是中国特色社会主义事业五位一体总体布局和四个全面战略布局的重要内容。环境法是生态文明建设在中国特色社会主义法律体系中的集中体现。

一　环境法的概念

　　环境法是指以保护和改善环境、预防和治理人为环境损害为目的，调整人类和环境的利用关系的法律规范的总称。

　　这一定义包含如下内涵：第一，环境法的目的是保护和改善人类赖以生存的环境，预防和治理人为环境损害；第二，环境法的调整对象是人类在从事环境利用行为过程中形成的环境利用关系；第三，环境法的范畴既包含直接确立环境利用行为准则的法律规范，也包括其他法律部门中有关环境保护的法律规范。

　　环境法的法律渊源比较广泛，包括宪法中关于环境保护的规定、综合性环境保护法，保护自然环境、防治污染及其他公害的行政法规、自治条例、地方性法规和行政规章，关于环境管理机构设置、法律责任和处理环境纠纷程序的行政法规、自治条例、地方性法规和行政规章，以及环境质量标准和污染物排放标准等。

习近平谈绿水青山就是金山银山

绿水青山就是金山银山，我们过去讲，既要绿水青山又要金山银山，实际上绿水青山就是金山银山。

——2005年8月15日习近平在浙江安吉县余村调研时提出

我们既要绿水青山，也要金山银山。宁要绿水青山不要金山银山，而且绿水青山就是金山银山。我们绝不能以牺牲生态环境为代价换取经济的一时发展。

——2013年9月7日习近平在哈萨克斯坦纳扎尔巴耶夫大学演讲时的答问

人不负青山，青山定不负人。绿水青山既是自然财富，又是经济财富。

——2020年4月习近平在陕西考察时强调

要着力提升生态系统多样性、稳定性、持续性，加大生态系统保护力度，切实加强生态保护修复监管，拓宽绿水青山转化金山银山的路径，为子孙后代留下山清水秀的生态空间。

——2023年7月习近平在全国生态环境保护大会上强调

"环境"的概念是环境立法和环境法研究的起点，直接影响了环境法的适用范围、保护对象及法律责任的界定，还能反映出立法者对环境问题的认识和态度，体现环境立法的价值取向和保护重点。我国2014年修订的《中华人民共和国环境保护法》第二条对"环境"作出具体规定："本法所称环境，是指影响人类生存和发展的各种天然的和经过人工改造的自然因素的总体，包括大气、水、海洋、土地、矿藏、森林、草原、湿地、野生生物、自然遗迹、人文遗迹、自然保护区、风景名胜区、城市和乡村等。"

二 环境法的基本原则

环境法的基本原则是体现我国生态文明建设基本价值理念，贯穿于环境法制定、实施和遵守等环节的基础性和总括性准则。《中华人民共和国环境保护法》第五条规定："环境保护坚持保护优先、预防为主、综合治理、公众参与、损害担责的原则。"

（一）保护优先原则

保护优先原则是指环境保护应当被放在优先的位置加以考虑，在环境利益与经济利益、社会利益等其他利益发生冲突时，应当优先考虑环境利益，并作出有利于环境保护的决定。

顾名思义，"环境保护"的对象应当是"环境"，因此"保护优先"从字面意思上理解应该是指针对环境实施的行为中，"保护"的行为应该优先于其他的行为。在人类对环境实施的行为中，与"保护"行为相对的是"开发利用"行为。具体看来，保护优先原则强调对环境的保护行为优先于对环境的开发利用行为，人们向环境排放的污染物不能超过环境的承受能力，也就是环境的自我更新能力；开发利用环境资源不能超过环境的自我恢复的能力。

（二）预防为主原则

预防为主原则是指对开发和利用环境行为所产生的环境质量下降或环境破坏等结果应当事前采取预测、分析和防范措施，以避免、消除由此可能带来的环境损害。该原则要求在环境开发和利用行为实施前，对可能产生的环境损害进行科学预测和分析，包括对环境影响的评估、对潜在环境风险的识别以及对环境容量的考量等，全面考虑各种环境要素和潜在的环境影响。

预防为主反映了环境保护工作预防优先于补救的特点，更涉及公权力主体介入经济活动过程中的价值衡量和选择问题。在传统私法自治理念之下，国家鼓励个体自由开展经济活动，追求个体利益，而在经济活动之中所产生之不确定风险与不虞之损害，则在法律所能够容忍的范围之内；而国家对经济活动的合理干预是必然的，预防为主原则使法律提前介入到经济活动之中，要求私主体承担更多的预防性义务，避免环境损害的发生。

（三）综合治理原则

综合治理原则是指应当秉持全面、系统的环境保护理念，综合运用政治、经济、法律和行政等各种手段，从多角度、多层次出发对环境问题进行综合整治和管理。

"环境问题的成因复杂，周期较长，如果用一种方式单打独斗，往往会顾此失彼，达不到预期效果。综合治理就是要用系统论的方法来处理环境问题。"环境问题往往不是单一因素导致的，而是多种因素相互作用的结果，有可能是因企业、个人工业排污、汽车尾气、农业焚烧等行为造成，也有可能是因错误的行政干预、政策指令或历史遗留问题造成。此外，"单兵突进"的治理方式往往只关注某一方面的环境问题或污染源，而忽视了其他方面的关联性和影响，治理效果的局限性明显。虽然在一定程度上缓解了某一方面的环境问题，但可能引发其他方面的问题或加剧已有问题的严重程度。所以，环境保护中综合治理原则的作用便凸显出来，不同治理手段之间应相互协同、相互促进、形成合力，而法律恰恰能为环境综合治理提供有利的制度保障，最终在法治轨道上实现环境问题的有效解决。

（四）公众参与原则

公众参与原则是指公众有权通过一定的程序或途径参与一切与公众环境权益相关的开发决策等活动，并有权得到相应的法律保护和救济，以防止决策的盲目性，使得该项决策符合广大公众的切身利益和需要。

每一个公民都有在良好环境下生活的权利，现代民主理论强调"参与型民主"，即扩大人民对环境保护的直接参与，以协调多元主体的利益冲突。公众参与是环境保护中具体体现多元共治的民主理念的一项原则，该原则能够弥补专家理性的不足，推动环境决策的科学化和民主化。特别是在涉及环境风险的决策中，对于风险规制中的价值选择与目标确定应当以公众的风险知识为依据，从而为行政机关风险规制目标的确定提供正当性基础。

（五）损害担责原则

损害担责原则是指环境污染者或破坏者应当对其行为造成的损害承担责任。这一原则体现的是"谁污染谁治理，谁破坏谁恢复"的核心理念，即只要存在污染环境和破坏生态的行为，行为人就必须承担相应的法律责任。

案例 7－1

五小叶槭是一种被世界自然保护联盟评估为"极度濒危"的植物，其在四川省雅江县麻郎措乡沃洛希村附近的种群是现存最大的且具有自然繁衍能力的种群。但是，当地计划进行的公路建设等项目可能对五小叶槭的生存环境构成直接威胁。基于此，中国生物多样性保护与绿色发展基金会（绿发会）提起预防性生态环境民事公益诉讼，要求在项目可研阶段充分考虑五小叶槭的生存环境。

分析：四川省甘孜藏族自治州中级人民法院判决将五小叶槭的生存作为项目环境影响评价的重要内容，环境影响报告书需经环境保护行政主管部门审批通过后才能继续开展下一步工作。这一判决实质上相当于颁发了一项环境保护禁止令，有效防止了生态环境损害的发生，鲜明体现了我国环境法中的预防为主原则。

污染环境和破坏生态行为产生的收益归污染环境和破坏生态的行为主体所有，而损害的后果则由全社会承担。因此，环境保护和管理必须确立损害担责原则，以提升环境保护的实效，避免出现"违法成本低，守法成本高"的现象。损害担责原则也能有效解决污染破坏者的利益与公共以及私人环境利益冲突的协调问题，进而落实环境法特定的价值导向。

第二节
环境法的分类

纵览我国数十年来的环境立法的历程与成就，已经形成了污染控制、自然生态保护、绿色低碳发展、生态环境责任四种分类。

一　污染控制法

污染控制法是指一系列旨在调整防治环境污染过程中所产生的社会关系的法律规范的总称。污染控制法主要通过对环境开发利用中的污染行为实施直接规制，是环境法的基本制度之一。污染控制法旨在为防止环境污染于未然，在污染发生或者可能发生之前，通过采用法律规定的禁止、限制、许可、命令等行为，令环境开发利用行为人的行为满足法律和标准规定的要求。

现行污染控制法律规范占据了环境法的最大部分。污染控制法的核心调整对象是环境污染行为。现行立法中，《中华人民共和国民法典》从侵权行为角度使用"环境污染"概念。"环境污染"的概念可界定为："在生产和生活中向自然环境排放物质或能量，引起自然环境和自然空间的化学、物理、生物等方面特性的改变，危害公众健康或者破坏生态环境、造成环境质量恶化的现象。"[1]

现行污染控制单行法分别规定了水污染、海洋污染、大气污染、土壤污染、噪声污染、固体废物污染等概念，可以说，当前通过污染控制立法实现的环境保护呈现以各具体环境要素为立法对象的规律。我国已经制定了大气污染防治法、水污染防治法、海洋环境保护法、环境噪声污染防治法、固体废物污染环境防治法、土壤污染防治法等大量单行的以环境要素命名的污染控制法。通过规制多个单一环境要素的污染现象，以实现

---

① 　吕忠梅：《环境法典编纂论纲》，《中国法学》2023 年第 2 期。

整体生态环境保护的立法思路下的污染控制立法，必然要考虑立法资源的有限性。也就是说，为了用好有限的立法资源，必须优先选定一些频繁发生、迫在眉睫的污染类型作为立法对象，围绕污染"核心地带"展开特定专门立法。

案例 7 - 2

1979 年 9 月 12 日下午，苏州人民化工厂储运组工人张某某因家庭原因请假回家，其间他打开了计量槽阀门，以便将浓度高达 30% 的液体氰化钠从 150 吨贮槽中转移。然而，由于疏忽，张某某在离开时并未关闭该阀门，也未向同事说明此事。次日清晨，同事发现液体氰化钠从贮槽的放空管喷出，并沿着防护堤的沟流向京杭大运河。这一泄漏事件导致运河水质急剧恶化，鱼蚌等水生生物大量死亡，生态环境遭受重创。经过六天的全力抢救，运河水质最终得到恢复，且未造成人员伤亡。1979 年 10 月 27 日，苏州市中级人民法院以违反危险物品管理规定肇事罪判处张某某有期徒刑 2 年。这是中国首例对环境污染案件进行刑事制裁的案例，因此被誉为中国环保"第一案"。

分析：该案对后续环境政策与立法产生了深远影响。1981 年 2 月 24 日，国务院下发《关于在国民经济调整时期加强环境保护工作的决定》，1984 年 5 月 11 日，我国颁布《中华人民共和国水污染防治法》。同时，此案提高了公众对环境保护的认识和参与度，为环境执法司法实践提供了宝贵的经验借鉴，以及促进了环境法学的研究和发展。

二 自然生态保护法

自然生态保护法，是以保护生态系统平衡或防止生物多样性破坏为目的，对一定的自然地域(含区域与流域)、野生生物及其生境实行特殊保护并禁止或限制环境利用行为而制定的法律规范的总称。典型的自然生态保护法律规范如长江保护法、黄河保护法、湿地保护法、自然保护区管理条例等。

自然生态保护的理念要求相关法律的价值立场由鼓励开发利用转变为"推进生态优先"。自然生态保护法的价值取向主要包括三个方面：一是落实保护优先，根据自然生态保护的特点和需要对总则确立的保护优先、风险预防等原则作出细化规定，实现制度转化。二是秉持自然优先，把生态环境的自然状态确立为不得轻易改变、损害应当担责的公共财产，高度尊重、充分利用自然规律，秉持"自然恢复为主"的方针设计救济制度，落实"基于自然的解决方案"。三是实现系统优先，强化区域保护，着眼整体、长远，把对个体要素、单一物种、局部环境的保护置于对生态系统的整体考量之下，追求总体效果，形成保护合力。

案例 7 - 3

重庆市铜梁区人民政府(简称区政府)于2015年10月作出《关于涪江饮用水源保护区环境整治的通告》(简称被诉通告)。被诉通告按照经批复的方案划定了饮用水水源保护区范围，规定在二级保护区内禁止从事泊船、采砂、放养家禽、网箱养殖等活动；在一级保护区内，还须禁止从事水产养殖等行为。欧某某长期从事渔业养殖的水域被划入饮用水水源保护区，被禁止继续从事渔业养殖活动，故其认为被诉通告侵犯其合法权利，并诉至法院请求撤销该通告。法院认为，区政府作出被诉通告的行政目的是防止饮用水水源污染，确保广大人民群众生产、生活用水安全，且程序并无违法之处，故被诉通告合法。欧某某从事渔业养殖的行政许可依据的客观情况发生重大变化，行政机关可基于公共利益需要依法变更或者撤回已经生效的行政许可，法院遂判决驳回欧某某的诉讼请求。

分析：本案系饮用水水源地保护引发的行政诉讼。区政府基于饮用水水源地保护的实际需要作出被诉通告，进行饮用水水源保护区环境整治，符合环境公共利益，不属于行政权力擅自专断的违法情形。法院依法支持行政机关的整治举措，有力保障了饮用水水源地保护制度的功效实现。

三 绿色低碳发展法

党的二十大报告指出："推动经济社会发展绿色化、低碳化是实现高质量发展的关键环节。"习近平在中央全面深化改革委员会第二次会议上强调："要立足我国生态文明建设已进入以降碳为重点战略方向的关键时期，完善能源消耗总量和强度调控，逐步转向碳排放总量和强度双控制度。"

过去，绿色低碳发展这一概念长时间未能被重视起来，法学学术界和司法实务界也缺少对绿色低碳发展内涵的解读。党的十八大以来，生态文明理念逐渐深入人心，绿色低碳发展法逐渐被视作环境法律体系的重要组成部分。当前典型的绿色低碳法律规范文本有《中华人民共和国清洁生产促进法》《中华人民共和国循环经济促进法》《中华人民共和国可再生能源法》《中华人民共和国电力法》等，此外国务院还颁布了《碳排放权交易管理暂行条例（草案）》等一系列关于绿色低碳发展的行政法规，各地方也以颁布《发展方式绿色转型促进条例》等地方性法规的形式推进产业结构变革。绿色低碳发展成为一个法律概念，能把在经济社会中存在的具有生态属性、发挥生态功能、达至生态目标的行为和系统等纳入环境法的调整范围。以发展为目标、绿色为基础、低碳为抓手，绿色低碳发展法可有效整合现有涉及资源能源综合利用以及应对气候变化等方面的法律规范，构筑起系统性的规范框架。

案例 7-4

陈某某未取得林木采伐许可证，擅自砍伐杉木，经评估鉴定砍伐杉木立木蓄积量为 31.6 立方米。2022 年 4 月，公诉机关对陈某某以滥伐林木罪向福建省龙岩市新罗区人民法院提起公诉。当地林业专业技术人员评估得出案涉植被修复费用为 2.1 万元，测算出陈某某砍伐杉木造成的森林碳汇价值损失为 1 966.99 元。随后，陈某某与当地林业局签订《森林生态恢复补偿协议书》，积极缴纳修复方案确定的异地生态修复履约金，主动承担森林碳汇损失赔偿金。庭审前，陈某某已足额缴付上述款项共计 22 966.99 元。法院认为，陈某某未取得林木采伐许可证，擅自雇请他人砍伐其所有的林木，数量较大，其行为已构成滥伐林木罪，判处陈某某有期徒刑八个月，缓刑一年，并处罚金 3 000 元。

分析：该案中，审理法院坚持生态修复优先、固碳与增汇并举、刑事责任与修复赔偿相协调的理念，与林业部门积极沟通、协同创新，共同制定森林碳汇损失的标准化计量方法，由林业部门委派专业技术人员依据该计量方法测算出森林碳汇损失量，并参照市场价格折算为碳汇损失赔偿金，共同推动构建了科学、便捷的森林碳汇损失计量方法和损害赔偿规则体系。

四 生态环境责任法

生态环境责任法是对违反环境法律规范，尤其是对污染控制法、自然生态保护法、绿色低碳发展法规定义务的后果的法律规范的总称。现行环境立法绝大多数设有法律责任条款，涉及行政责任、民事责任和刑事责任。2014 年《中华人民共和国环境保护法》修订以来，新制定或修订的环境法律规范往往还规定了环境公益诉讼等程序性制度。党的十八大以来，在生态文明体制改革和环境执法司法实践中，也形成了许多体现生态环境保护特点的法律责任承担方式。

生态环境责任法直接调整所有的环境损害行为。环境损害指向人类对环境的不利行为造成环境污染、生态破坏以及由此造成他人民事权益和社会公共利益受到侵害的现象。环境损害直接导致生态环境法律责任，理论界将生态环境法律责任定义为：因侵犯环境法规定的权利或违反环境法规定的义务而引起的、由国家机关认定并归于有责主体的直接强制性义务，包括专门环境法义务和相关法律义务。

现行环境立法中，环境法律责任规范呈"公法责任"与"私法责任"融合样态，体现为行政责任、民事责任和刑事责任三类责任形式。环境立法与执法、司法实践中的许多责任承担方式，如行政责任中的按日计罚、民事责任中的生态修复、刑事责任中的绿色刑罚相比，呈现出不同于传统法律责任的特质。环境法将生态规律纳入法律的评价机制、作为评价标准，已不再以"满足人的需求"为唯一标准。一方面，当违法者污染或破坏环境的行为仅造成人身或财产损害时，应承担传统部门法上的行政、民事、刑事责任，因其是侵害人身或财产权益的后果，可称之为"对人的责任"。另一方面，当违法者污染或破坏环境的行为造成生态破坏后果，可能对当代人甚至后代人的生命健康或财产带来严重影响，因其损害的是生态平衡及其服务功能，而不是传统的人身与财产权利，可称之为"对环境的责任"。

人类今天面临的环境危机是过去数千年开发利用自然的结果，地球生态系统的崩溃必然导致人类社会系统的消亡，其后果绝非传统法律意义上的个体性人身或财产损害。所以仅以损害赔偿规则为基础来构建生态环境责任制度，会因主体缺失、因果关系混乱、损害后果无法确定、赔偿难以计算等无从着手，故生态环境责任法以恢复生态平衡和生态功能为标准。

案例 7 - 5

2022 年 9 月，四川省阿坝县某镇某垃圾集中处理点在处理垃圾时不符合规范，且存在临时聘用人员防护措施不到位等问题。该垃圾集中处理点濒临黄河支流贾曲河主河道，恶臭四溢、蚊蝇滋生，严重影响周边生态环境和居民生产生活，并对黄河水体安全造成威胁。被告阿坝县某镇人民政府(简称某镇政府)收到检察建议后，期满未进行有效整改，检察机关遂提起行政公益诉讼。四川省阿坝县人民法院在审理过程中，经查看现场确认情况属实，对某镇政府提出整改建议，指导其从保护黄河源头水体安全和全镇居民生活饮用水安全出发，督促某镇政府进一步采取整改措施，切实有效解决濒河垃圾治理问题。2022年11月经现场回访，确认案涉垃圾集中处理点已全面整改完毕，社会公共利益受到侵害的情况已经消除。检察机关也认为其诉讼目的业已实现，申请撤诉，法院审查后依法裁定予以准予撤回起诉。

分析：本案地处若尔盖国家公园区域内，若尔盖湿地被誉为"中国最美高寒湿地"，是黄河上游重要水源涵养补给区，是黄河流域生态环境保护链的重要一环。本案最终以公益诉讼目的实现而检察机关撤诉的方式得到圆满解决，是人民法院不断深化生态修复责任落实，以法治方式切实解决乡村人居环境治理难题的生动实践，为黄河流域生态环境质量持续提升、城乡人居环境不断改善提供了司法保障。

本章要点

☆ 环境法是指以保护和改善环境、预防和治理人为环境损害为目的，调整人类环境利用关系的法律规范的总称。

☆ 环境保护坚持保护优先、预防为主、综合治理、公众参与、损害担责的原则。

☆ 环境问题的多重性和复杂性，决定了环境法典编纂过程中法律与科学嵌套、法律与政策转化、不同法律手段融合的格局，具有学科汇聚、横向交叉、开放包容的"领域型"特征。

☆ 污染控制法是指一系列旨在调整防治环境污染过程中所产生的社会关系的法律规范的总称。

☆ 自然生态保护法，是以保护生态系统平衡或防止生物多样性破坏为目的，对一定的自然地域(含区域与流域)、野生生物及其生境实行特殊保护并禁止或限制环境利用行为而制定的法律规范的总称。

☆ 生态环境责任法是对违反环境法律规范，尤其是对污染控制法、自然生态保护法、绿色低碳发展法规定义务的后果的法律规范的总称。

1. 如何理解"环境"的法律概念？

2. 环境法的基本原则是什么？

3. 环境法的分类有哪些？

4. 自然生态保护法的价值取向是什么？

5. 如何理解"环境损害"？

第八章

经济法

【学习目标】

⚖ 素质目标

- ⊙ 了解社会主义国家经济相关法律
- ⊙ 遵守社会主义市场经济发展规律

📖 知识目标

- ⊙ 了解经济法的相关概念和原则
- ⊙ 树立正确的市场经济观念、消费理念和权利意识
- ⊙ 关注产业发展和资源保护利用的要求和做法

📓 能力目标

- ⊙ 能阐述经济法的调控范围和基本原则
- ⊙ 能分析市场经济行为的合理性
- ⊙ 能自觉对有违市场公平竞争的行为作出判断评价

当你听新闻里提及市场监管时，你是否好奇政府是如何确保市场公平竞争的？这背后便有经济法的身影。经济法是20世纪重要的法律发展之一，它的产生源于社会经济发展的客观需求，目的是解决市场经济中的各种问题，保障市场健康运行。

随着社会经济的发展，经济活动日趋频繁，经济关系日趋复杂。为了保护各方的合法权益，维护社会经济秩序，了解经济法成为现代社会公民的必修课。

第一节
经济法概述

一　经济法的概念

官方发布的《中国特色社会主义法律体系》白皮书中对经济法下了专门的定义：经济法是调整国家从社会整体利益出发，对经济活动实行干预、管理或者调控所产生的社会经济关系的法律规范。经济法为国家对市场经济进行适度干预和宏观调控提供法律手段和制度框架，防止市场经济的自发性和盲目性所导致的弊端。通俗点说，经济法就是国家对社会公众所生活的社会进行经济方面的管理活动，大到经济方面的大政方针，小到消费者权益保护；远至对外贸易，近至生活交易。

经济法主要包括六个方面：一是有关宏观调控方面的法律，如预算法、审计法以及有关税收方面的法律等；二是有关规范市场秩序和竞争规则方面的法律，如反垄断法、反不正当竞争法等；三是有关扩大对外开放和促进对外经济贸易发展方面的法律，如对外贸易法等；四是有关促进重点产业振兴和发展方面的法律，如农业法、铁路法、城市房地产管理法等；五是有关自然资源保护和合理开发利用方面的法律，如土地管理法、森林法、草原法、水法等；六是有关经济活动规范化、标准化方面的法律，如标准化法、计量法、统计法、测绘法等。

二 经济法的基本原则

（一）营造平衡和谐的社会经济环境原则

对经济关系进行平衡协调是经济法特有的功能，但如果单纯将平衡协调上升到经济法基本原则的高度就显得不够充分，并没有完全揭示出经济法的本质内容。

从字面上讲，和谐与协调两词的含义互通，这就是许多法学著述中"和谐"与"协调"不分的原因。但是在意境上，"和谐"和"协调"是有很大区别的：和谐是一种相互依存与共同发展的客观状态，是国家和市场都要顺应客观规律、应用客观规律的表现；而协调更强调主体间相互一致的积极行为，是带有主观意志色彩的一种行为模式。就经济环境状态的描述而言，"和谐"一词较"协调"更贴切，例如社会大众常说的"人与自然的和谐相处"。

首先，"平衡和谐"充分体现了经济法治条件下经济环境应有的状态，强调的是不同主体的配合而不是对抗，又在哲学范畴"度"的问题上强调适当，而不能"过火"或"不及"。有学者认为平衡有均等的意思，因而不主张将其纳入经济法的理念，但通说认为这里的平衡不是均等的意思，而是"不失调"之意，例如人们常说的"生态平衡"。

其次，平衡和谐的社会经济环境不是静止的，而是动态的，不是一种中庸理念的体现，而是建立在对客观经济规律认识基础上的一种自然的状态。在这样一种经济环境下，能够实现自由与秩序、公平与效率的平衡和谐，现实利益与未来利益的平衡和谐，国家、社会与个体之间的平衡和谐。

最后，经济法律的完善本身并不代表这种良好经济环境已经建成。由于社会经济体系是动态向前发展的，这就要求经济法制不断地"与时俱进"，前瞻性地、有规划地从立法、司法和执法等方面来建立和维持这种环境。

当前，在和平与发展为主旋律的背景下，各国管理社会公共事务的职能日益突出，大都将实现可持续发展作为根本目标。要实现可持续发展就必须有一个良好的环境，既包括良好的自然生态环境，实现人与自然的和谐相处（这个问题在上层建筑层次已经被纳入环境保护法之中），也包括平衡和谐的社会经济环境。平衡和谐的社会经济环境是我国加入世界贸易组织（WTO）后与国际接轨的基本要求，是我国获得完全市场经济地位、得到国际社会认同的基本要求，更是一个国家的整体经济实现可持续发展的基本要求。

（二）合理分配经济资源原则

"合理"分配有两方面的意思。首先是令市场经济的价值规律正常发挥作用，完成自下而上的分配，即符合市场经济自发规律之理。价值规律由对经济个体的决策和行为之微观作用实现对整个社会经济资源的宏观调节和配置，顺利完成经济资源的初次分配，市场规制法在其中发挥着保障作用。其次是利用国家超越整个社会的优势地位进行的自上而下的分配，即符合国家社会自觉调整之理。国家根据市场经济自发分配资源后产生的不公平倾向，立足于社会整体利益再次进行资源分配和调整，宏观调控法在其中居于核心地位。"合理分配经济资源"不仅包括国家与市场如何协调资源优化配置问题，还有进一步防止贫富两极分化的问题。

实现资源的优化配置和防止贫富两极严重分化是合理分配经济资源原则的两个不可或缺的方面。实现资源的优化配置更侧重于稀缺经济资源中生产资料的分配，侧重于经济的发展，是效益优先的全面体现。防止贫富两极严重分化更侧重于稀缺经济资源中生活资料的分配，侧重于社会的稳定，是社会公平的最终体现。

（三）保障社会总体经济可持续发展原则

"可持续发展"发端于 20 世纪 80 年代，20 世纪 90 年代中后期在中国上升到一种治国方略的高度。可持续发展的提出是人类认识论上又一次具有革命性意义的突破，这一思想强调的不仅仅是人的发展与自然环境的和谐，更是人的发展与社会环境的和谐。这一思想的提出也是社会本位理念的进一步深化：不仅仅以人类社会横向的当代利益和谐为出发点，更以人类社会纵向的代际利益和谐为出发点。这种发展不强调盲目的快速，而强调连续与稳定下的高速发展。因此可持续发展就是在稳定中求发展，在发展中求稳定的辩证的逻辑统一。

第二节
经济法的分类

一　宏观调控方面的经济法

国家对市场主体的依法干预具有间接性的特点，即国家不是直接通过权利和义务法律规范规定市场主体可以从事哪些市场交易活动、不可以从事哪些市场交易活动，而是通过表现为法律规范的经济政策（如货币政策、财政税收政策），使市场主体明确哪些市场交易活动因符合这些经济政策而得到允许或鼓励，哪些市场交易活动因不符合这些经济政策而受到限制或禁止，从而影响市场主体对具体经济行为的选择。

（一）个人所得税法

《中华人民共和国个人所得税法》第一条规定："在中国境内有住所，或者无住所而一个纳税年度内在中国境内居住累计满一百八十三天的个人，为居民个人。居民个人从中国境内和境外取得的所得，依照本法规定缴纳个人所得税。在中国境内无住所又不居住，或者无住所而一个纳税年度内在中国境内居住累计不满一百八十三天的个人，为非居民个人。非居民个人从中国境内取得的所得，依照本法规定缴纳个人所得税。纳税年度，自公历一月一日起至十二月三十一日止。"也就是说：在中国境内有住所或者居住时长达到半年的居民，其从境内外取得的所得交个人所得税；在中国境内没有住所且不居住或者无住所且居住时长不足半年的居民，其从中国境内取得的所得要交税。本部分以第一种类型为叙述对象。

需要缴纳个人所得税的收入具体包括：工资、劳务报酬、稿酬、特许权使用费、经营所得、利息、股息、红利分红、租赁转让费、偶然所得等。其中工资、劳务报酬、稿酬、特许权使用费称为综合所得。综合所得适用3%—45%的超额累进税率，具体分为七级：

第一级，全年应纳税所得额不超过 36 000 元的部分，税率为 3%；

第二级，全年应纳税所得额超过 36 000 元至 144 000 元的部分，税率为 10%；

第三级，全年应纳税所得额超过 144 000 元至 300 000 元的部分，税率为 20%；

第四级，全年应纳税所得额超过 300 000 元至 420 000 元的部分，税率为 25%；

第五级，全年应纳税所得额超过 420 000 元至 660 000 元的部分，税率为 30%；

第六级，全年应纳税所得额超过 660 000 元至 960 000 元的部分，税率为 35%；

第七级，全年应纳税所得额超过 960 000 元的部分，税率为 45%；

利息、股息、红利所得，租赁转让所得，偶然所得适用比例税率，税率为 20%。

对于居民个人的综合所得，以每一纳税年度的收入额减除费用 6 万元以及专项扣除、专项附加扣除和依法确定的其他扣除后的余额为应纳税所得额。这个减除的 6 万元其实就是按照每月 5 000 元的标准设置的。通俗而言，一个月收入少于 5 000 元不用交个人所得税，多于 5 000 元便要按照要求进行税款的缴纳。

（二）预算法

《中华人民共和国预算法》(简称预算法)是为了规范政府收支行为，强化预算约束，加强对预算的管理和监督，建立健全全面规范、公开透明的预算制度，保障经济社会的健康发展。一般来说，政府的全部收入和支出都应当纳入预算。具体而言，预算包括：一般公共预算、政府性基金预算、国有资本经营预算、社会保险基金预算。预算法素有"经济宪法"之称，与大众的日常生活息息相关。预算法规定：各部门、各单位应当按照国务院财政部门制定的政府收支分类科目、预算支出标准和要求，以及绩效目标管理等预算编制规定，根据其依法履行职能和事业发展的需要以及存量资产情况编制本部门、本单位预算草案。

预算法为政府管好钱、用好钱奠定了法律基础，同时也为加快顺利推进各项财政改革提供了制度保障条件。其核心在于两方面：一是编制，编制为进一步的科学细化提供了法律依据；二是编制完成之后的执行。此外，政府还要进行预算公开，将具体的细节公布，得到社会的监督，接受批评和建议。

当人们进入政府部门或单位工作后，其工资收入便很大可能来自财政。如何规划这些靠着国家财政支出的工资便需要预算法的介入。再者，当大众进入工作岗位之后，不可避免地要为自己的养老保险等问题进行考虑，预算法中的一般公共预算和社会保险基金预算便是前期的准备工作。

二 规范市场秩序和竞争规则方面的经济法

（一）消费者权益保护法

为了保护消费者的合法权益，维护社会经济秩序，促进社会主义市场经济健康发展，国家制定了《中华人民共和国消费者权益保护法》。该法从总则、消费者的权利、经营者的义务、国家对消费者合法权益的保护、消费者组织、争议的解决、法律责任和附则八个方面对消费者权益保护进行规定。其中，一般公众最应该关注的便是有关消费者的权利部分，具体包括：经营者与消费者进行交易应当遵循自愿、平等、公平、诚实信用原则；消费者在购买、使用商品和接受服务时享有人身、财产安全不受损害的权利；享有知悉其购买、使用的商品或者接受的服务的真实情况的权利；享有自主选择商品或者服务的权利；享有公平交易的权利；因购买、使用商品或者接受服务受到人身、财产损害的，享有依法获得赔偿的权利；享有依法成立维护自身合法权益的社会组织的权利；享有获得有关消费和消费者权益保护方面的知识的权利；在购买、使用商品和接受服务时，享有人格尊严、民族风俗习惯得到尊重的权利，享有个人信息依法得到保护的权利；享有对商品和服务以及保护消费者权益工作进行监督的权利。当消费者在市场上进行消费的时候，难免会与商贩等经营者发生交易纠纷。如果遇到消费者权益争议的情况，可以通过下列途径解决：与经营者协商和解；请求消费者协会或者依法成立的其他调解组织调解；向有关行政部门投诉；根据与经营者达成的仲裁协议提请仲裁机构仲裁；向人民法院提起诉讼。《中华人民共和国消费者权益保护法》第十六条第三款表明："经营者向消费者提供商品或者服务，应当恪守社会公德，诚信经营，保障消费者的合法权益；不得设定不公平、不合理的交易条件，不得强制交易。"作为消费者，在生活中一定要注意甄别一些不良商家的"诡计"，避免误入圈套之中。

案例 8-1

李某、景某为在校大学生，看到某影楼发布 19.9 元古装写真广告，遂去店拍摄。后两人对照片、相册、化妆、服装等项目多次消费升级，与该影楼先后签订了五份协议，合计金额达 2.6 万余元。李某、景某通过向亲友借款和开通网贷支付了部分款项后，当天向该影楼提出变更套餐内容，减少合同金额，遭拒。后两人向某区消费者权益保护委员会投诉未果，遂诉至法院，要求解除五份协议，并退还已经支付的全部款项 2 万余元，尚未支付的 5 900 元不再支付。

法院认为，影楼按照李某、景某特定拍摄、化妆、选片、选相册等要求而与其签订多份合同，影楼以自己的设备、技术和劳力，根据李某、景某的指示进行相应工作，交付约定的工作成果，李某、景某向影楼支付约定的报酬。故双方为承揽合同关系，李某、景某作为定作人享有任意解除权。但是，任意解除权的行使有三大限制条件：解除应有效通知到承揽人；解除通知应在承揽人完成承揽工作之前到达承揽人；如因解除行为给承揽人造成损失的，定作人应当赔偿损失。合同解除后，定作人按合同约定预先支付报酬的，承揽人在扣除已完成部分的报酬后，应当将剩余价款返还定作人。故法院判决五份协议中尚未履行的协议全部解除，未全部履行的协议部分解除，已履行完毕的协议不能解除，被告退还两个原告合同款项 1.86 万元。

分析：当前，越来越多的消费者选择摄影、美容、美发、健身、婚庆、教育培训等可以满足精神需求的消费方式。本案中，两个大学生从商家 19.9 元的低价引流活动一路消费升级至 2.6 万余元。因无力支付，被商家引导现场开通网贷等消费贷款，后因合同协商解除不成引发纠纷。本案通过对合同解除争议作出正确判决，最大限度地维护了消费者合法权益。同时，充分发挥个案的指引、评价、教育功能，将司法裁判与倡导树立正确的消费观以及通过司法建议促进商家规范经营相结合，引导广大消费者理性消费，广大商家诚信经营。

（二）反不正当竞争法

对于什么是不正当竞争行为，《中华人民共和国反不正当竞争法》中作出了明确规定："指经营者在生产经营活动中，违反本法规定，扰乱市场竞争秩序，损害其他经营者或者消费者的合法权益的行为。"具体来说，不正当竞争行为包括：混淆行为、商业贿赂、虚假宣传、侵犯商业秘密、倾销、不正当有奖销售、诋毁商誉和利用技术手段在互联网领域实施的不正当行为。它们都是经营者在市场竞争中，采取非法的或者有悖于公认的商业道德的手段和方式，与其他经营者相竞争的行为。《中华人民共和国反不正当竞争法》第八条第一款规定："经营者不得对其商品的性能、功能、质量、销售状况、用户评价、曾获荣誉等作虚假或者引人误解的商业宣传，欺骗、误导消费者。"社会公众作为消费者时，在日常生活中要注意仔细甄别商家对其销售商品的宣传，切记要以实物为准。如果在交易过程中遇到虚假宣传的商品，要及时向市场监督管理局等部门进行投诉举报。

案例 8-2

2022年1月，某地区执法人员在监督检查中发现，一美容美发有限公司（简称当事人）店内价目表上有"烫发系列""染发系列""头皮系列"等服务项目，其中"头皮系列"服务项目标注有"消炎、补水、抗敏"等宣传字样。经查，当事人自2021年10月起，在向顾客推销"头皮系列"服务项目时，将普通化妆品"头皮舒化精华液"虚假宣传为具有"消炎、抗敏"功效的商品，并在价目表中进行标注。

分析：当事人的行为涉嫌虚假宣传产品功效，违反了《中华人民共和国反不正当竞争法》第八条第一款的规定，执法监督部门依据《中华人民共和国反不正当竞争法》第二十条第一款的规定，责令当事人停止违法行为，并处罚款30万元。

（三）反垄断法

《中华人民共和国反垄断法》（简称反垄断法）顾名思义就是反对垄断和保护竞争的法律制度。反垄断法第一条就指明了立法目的："为了预防和制止垄断行为，保护市场公平竞争，提高经济运行效率，维护消费者合法权益和社会公共利益，促进社会主义市场经济健康发展，制定本法。"由此可见，我国的反垄断法的直接目的是预防和制止垄断行为，保护市场公平竞争，其最终目的是提高经济效率，保护消费者的利益和社会公共利益。具体而言，反垄断法中规定的垄断行为包括：经营者达成的垄断协议、经营者滥用市场支配地位、经营者集中以及滥用行政权力排除、限制竞争等。

如今随着互联网技术的飞速发展，平台经济逐渐繁荣，无论是网上购物还是点外卖、订酒店等都离不开平台，相应的垄断行为也在平台上肆意进行。一些常见的热词诸如"二选一""大数据杀熟"等都是火热的平台经济下垄断行为的体现。

中国知网作为学术界重要的文献网络数据库，对于需要进行论文撰写、学术研究的人来说几乎是不可或缺的。2022 年 5 月，国家市场监督管理总局对知网涉嫌滥用市场支配地位行为立案调查。经调查，自 2014 年以来，知网在中国境内中文学术文献网络数据库服务市场具有支配地位。知网滥用市场支配地位，通过连续大幅提高服务价格、拆分数据库变相涨价、签订独家合作协议等方式，限定学术期刊出版单位、高校不得向任何第三方授权使用学术期刊、博硕士学位论文等学术文献数据，并采取多种奖惩措施保障独家合作实施。知网通过不公平高价、限定交易行为排除竞争等方式限制了中文学术文献网络数据库服务市场竞争，侵害了用户合法权益，影响了相关市场创新发展和学术交流传播。

分析：知网实施的上述行为属于反垄断法第二十二条第一款第（一）项和第（四）项明令禁止的"以不公平的高价销售商品"和"没有正当理由，限定交易相对人只能与其进行交易"的规定。2022 年 12 月，国家市场监督管理总局依法作出行政处罚决定，责令当事人停止违法行为，对当事人处以其 2021 年中国境内销售额 17.52 亿元的 5% 的罚款，共计 8 760 万元。同时，国家市场监督管理总局坚持依法规范和促进发展并重，监督知网全面落实整改措施、消除违法行为后果，要求知网围绕解除独家合作、减轻用户负担、加强内部合规管理等方面进行全面整改，促进行业规范健康创新发展。

三 促进重点产业振兴和发展方面的经济法

（一）农业法

农业对于发展经济实力、解决我国公民的粮食问题都起到了不可替代的作用。为了巩固和加强农业在国民经济中的基础地位，深化农村改革，发展农业生产力，推进农业现代化，维护农民和农业生产经营组织的合法权益，增加农民收入，提高农民科学文化素质，促进农业和农村经济的持续、稳定、健康发展，实现全面建设小康社会的目标，国家制定了《中华人民共和国农业法》。

国家把农业放在发展国民经济的首位，可见农业在国家生活中的重要地位和基础作用。重视农业、提高农业技术水平需要高素质人才。国务院和省级人民政府应当制定相关教育发展规划，发展农业科技、教育事业。国家在农村依法实施义务教育，并保障义务教育经费。国家在农村举办的普通中小学校的教职工的工资由县级人民政府按照国家规定统一发放，校舍等教学设施的建设和维护经费由县级人民政府按照国家规定统一安排。

（二）铁路法

为了保障铁路运输和铁路建设的顺利进行，适应社会主义现代化建设和人民生活的需要，国家制定了《中华人民共和国铁路法》（简称铁路法）。现如今，人们的出行已经离不开铁路。从最开始的"绿皮火车"到逐步提速的高铁，人们所能选择的铁路交通越来越高速、便捷。铁路法规定："公民有爱护铁路设施的义务。禁止任何人破坏铁路设施，扰乱铁路运输的正常秩序。"因此，在乘坐铁路交通设施/工具时，各位乘客要遵守相关的规则秩序，不得携带违禁品进站乘车。铁路法第十四条规定："旅客乘车应当持有效车票，对无票乘车或者持失效车票乘车的，应当补收票款，并按照规定加收票款；拒不交付的，铁路运输企业可以责令下车。"因此，公众在乘坐铁路列车时必须按照规定购买车票，不得抱有侥幸心理逃票乘车；如果存在特殊事由需要变更目的地去往距离更远的地方，应当按照规定补足车票价款。在乘坐铁路列车时要遵守列车运行秩序，铁路法第五十五条规定："在列车内，寻衅滋事，扰乱公共秩序，危害旅客人身、财产安全的，铁路职工有权制止，铁路公安人员可以予以拘留。"因此，公众在乘坐列车时要注意自身素质，控制好自己的情绪和行为，在遇到不讲理的乘客时切勿与其争辩甚至是大打出手，要及时寻求列车乘务员或乘警的帮助。

案例 8 - 4

2021 年 6 月 23 日，被告人陈某在某地高铁车站候车室无故辱骂候车旅客周某某，双方发生口角，被告人陈某多次踹踢击打被害人周某某。经鉴定，受害者周某某所受损伤程度为轻伤二级。另查明，被告人患有偏执性精神障碍，对其违法行为评定为部分刑事责任能力。

经审理，法院判决被告人陈某犯寻衅滋事罪，判处其有期徒刑 1 年。被告人陈某应于判决生效之日起 30 日内，赔偿民事诉讼原告人周某某 55 358.38 元。

（三）城市房地产管理法

《中华人民共和国城市房地产管理法》的制定是为了加强对城市房地产的管理，维护房地产市场秩序，保障房地产权利人的合法权益，促进房地产业的健康发展。

为了公共利益的需要，国家可以征收国有土地上单位和个人的房屋，并依法给予拆迁补偿，维护被征收人的合法权益。征收个人住宅的，还应当保障被征收人的居住条件。在中华人民共和国城市规划区的国有土地上取得房地产开发用地的土地使用权之后，才能进行相关的房地产开发、交易行为，实施房地产管理。国家依法实行国有土地有偿、有限期使用制度，其中居住用地期限是 70 年，工业用地是 50 年，教育科技文化卫生体育用地是 50 年，商业旅游娱乐用地 40 年，综合或者其他用地 50 年。

房地产转让、抵押时，房屋的所有权和该房屋占用范围内的土地使用权同时转让、抵押。在房地产转让、抵押时，当事人应当按照规定办理权属登记。如果房产开发商要进行商品房预售，应当符合下列条件：①已交付全部土地使用权出让金，取得土地使用权证书；②持有建设工程规划许可证；③按提供预售的商品房计算，投入开发建设的资金达到工程建设总投资的 25% 以上，并已经确定施工进度和竣工交付日期；④向县级以上人民政府房产管理部门办理预售登记，取得商品房预售许可证明。关于房屋租赁问题，出租人和承租人应当签订书面租赁合同，约定租赁期限、租赁用途、租赁价格、修缮责任等条款，以及双方的其他权利和义务，并向房产管理部门登记备案。房地产中介服务机构应当具备的条件为：①有自己的名称和组织机构；②有固定的服务场所；③有必要的财产和经费；④有足够数量的专业人员；⑤法律、行政法规规定的其他条件。在涉及房屋预售时，《关于审理商品房买卖合同纠纷案件解释》第九条明确规定："因房屋主体结构质量不合格不能交付使用，或者房屋交付使用后，房屋主体结构质量经核验确属不合格，买受人请求解除合同和赔偿损失的，应予支持。"此外，其第十条第一款规定："因房屋质量问题严重影响正常居住使用，买受人请求解除合同和赔偿损失的，应予支持。"因此，当大家在日后为了生活需要购买预售商品房时，一定要明确房屋交付标准。在正式交付房屋时一定要仔细核对，发现不符合约定的问题应及时向相关部门维权，保护自己的正当权益。

案例 8 - 5

夏某与某公司签订了商铺买卖合同，合同附件中关于出卖人妨碍房屋正常使用情况的说明处为空白，夏某支付了全部房款。夏某在房屋建成后，发现其购买的商铺正门后方有长宽各 1.5 米的立柱，与某公司交涉退房未果后，遂起诉请求撤销其与该公司签订的商铺买卖合同。

法院认为，夏某与该公司签订案涉商铺买卖合同时，房屋为期房，但合同附件未标明立柱的大小，该公司亦未告知夏某立柱的具体情况，该立柱已严重影响商铺正常经营使用，故判决支持夏某要求撤销商铺买卖合同的请求。

分析：房屋结构的完整性是购房者考虑是否买房的重要因素，开发商在出售期房时，应当主动如实地披露房屋是否存在横梁、立柱等影响购房者作出购房意思表示的缺陷，并在合同中向消费者作出明确说明。如开发商故意隐瞒，导致购房者陷入错误认识而购房的，购房者可依法主张撤销买卖合同，同时要求开发商返还已付房款并赔偿损失。本案的裁判有利于规制、引导开发商在出售期房时，及时、全面、客观地披露影响房屋使用功能的缺陷，充分保障购房者的知情权和选择权。

四　自然资源保护和合理开发利用方面的经济法

在自然资源的保护和合理开发利用方面，国家制定了一系列的法律法规，包括土地管理法、森林法、草原法、水法等。人们的生活离不开土地资源，但是在地球上，土地资源又是极其有限的资源，因此需要制定相关的土地管理的法律规定来进行规制。《中华人民共和国土地管理法》规定在我国实行土地的社会主义公有制，即全民所有制和劳动群众集体所有制。国家实行土地用途管制制度，国家编制土地利用总体规划，规定土地用途，将土地分为农用地、建设用地和未利用地，并严格限制农用地转为建设用地，控制建设用地总量，对耕地实行特殊保护。在我国，城市市区的土地属于国家所有；农村和城市郊区的土地除由法律规定属于国家所有的以外属于农民集体所有；宅基地和自留地、自留山属于农民集体所有。国家实行占用耕地补偿制度，非农业建设用地经批准占用耕地的，按照"占多少，垦多少"的原则，由占用耕地的单位负责开垦与占用耕地的数量和质量相当的耕地；如果没有条件开垦或者开垦的耕地不符合要求的，应当按照省、自治区、直辖市的规定缴纳耕地开垦费，专款用于开垦新的耕地。

《中华人民共和国森林法》的制定是为了保护、培育和合理利用森林资源，加快国土绿化，保障森林生态安全，建设生态文明，实现人与自然和谐共生。《中华人民共和国森林法》中规定了植树造林、保护森林是公民应尽的义务，各级人民政府应当组织开展全民义务植树活动。在我国，每年的3月12日为植树节。在这一天，全国各地都会举办不同规模的植树活动，号召大家植树造林、保护环境。各级人民政府应当加强森林资源保护的宣传教育和知识普及工作，鼓励和支持基层群众性自治组织、新闻媒体、林业企业事业单位、志愿者等开展森林资源保护宣传活动。

《中华人民共和国水法》的制定是为了合理开发、利用、节约和保护水资源，防治水害，实现水资源的可持续利用，适应国民经济和社会发展的需要。《中华人民共和国水法》规定："国家厉行节约用水，大力推行节约用水措施，推广节约用水新技术、新工艺，发展节水型工业、农业和服务业，建立节水型社会。"单位和个人有节约用水的义务，社会公众应当在生活中养成节约用水的习惯，共同营造节约水资源的良好氛围。

五　经济活动规范化、标准化方面的经济法

人们的生活离不开规范，对事物、行为制定一定的标准有助于其推广和传播。为了方便和规范经济活动中的标准化行为，国家制定了一系列的法律法规，其中典型的如《中华人民共和国标准化法》。标准化法的制定是为了加强标准化工作，提升产品和服务质量，促进科学技术进步，保障人身健康和生命财产安全，维护国家安全、生态环境安全，提高经济社会发展水平。对保障人身健康和生命财产安全、国家安全、生态环境安全以及满足经济社会管理基本需要的技术要求，应当制定强制性国家标准。消费者在选购商品时一定要注意检查该产品的相关质量安全证书材料，对于质量不合格的产品要及时向相关部门检举，避免其在市场上流通。

本章要点

☆ 经济法是调整国家从社会整体利益出发，对经济活动实行干预、管理或者调控所产生的社会经济关系的法律规范。

☆ 经济法的基本原则包括营造平衡和谐的社会经济环境原则、合理分配经济资源原则、保障社会总体经济可持续发展原则。

☆ 经济法包括宏观调控方面的经济法，规范市场秩序和竞争规则方面的经济法，促进重点产业振兴和发展方面的经济法，自然资源保护和合理开发利用方面的经济法，经济活动规范化、标准化方面的经济法。

1. 作为公民我们积极履行纳税义务的意义是什么？

2. 我们作为消费者在面临消费欺诈时该如何维权？

3. 我国为什么要严厉打击垄断行为？

4. 国家大力发展农业对于国家产业振兴发展有哪些影响？

5. 产品质量标准化在我们身边有哪些体现，这样做的好处有哪些？

第九章

社会法

【学习目标】

素质目标
- 具备科学的社会法治观念和法律素养
- 树立保障社会弱势群体权益的价值理念

知识目标
- 了解社会法的概念和基本原则
- 熟悉社会法包括的具体法律
- 通过参考案例掌握社会法的具体内容

能力目标
- 能阐述社会法的概念和基本原则
- 能运用社会法维护自己的合法权益
- 能对身边的社会法问题进行法律评价

你在学校受到保护、在工作中享受权利、在老年时得到关怀，这背后就有社会法在发挥作用。现代大陆法系国家最早提出了"社会法"的概念，像劳动法、未成年人保护法和老年人权益保障法都是社会法的具体体现。这些法律既不是公法，也不是私法，而是为解决社会问题而制定的、具有普遍社会意义的、以社会利益为本位的法律。在保障和改善民生方面，社会法比其他任何法律部门都担负着更多的责任，发挥着更大的作用。了解社会法、学习社会法，我们才能更好地生活在法治社会中。

第一节

社会法概述

一　社会法的概念

　　社会法，是指规范劳动关系、社会保障、特殊群体权益保障、社会组织等方面的法律规范的总和。现行有效的法律包括三个方面：一是有关劳动关系、劳动保障和社会保障、安全生产方面的法律，如劳动法、劳动合同法、就业促进法、社会保险法、安全生产法等；二是有关特殊社会群体权益保障方面的法律，如残疾人保障法、妇女权益保障法、老年人权益保障法、未成年人保护法等；三是有关社会组织和相关活动方面的法律，如工会法、红十字会法、境外非政府组织境内活动管理法、慈善法、公益事业捐赠法等。

二　社会法的基本原则

　　法律基本原则是法律的重要构成要素，法律的性质决定了有法律就应有其法律的基本原则。社会法主要有以下基本原则。

（一）社会本位原则

　　这也是社会法名字的由来。首先，社会本位要求社会法以社会为本位，即把社会视为一个整体而不是个人的累加，将社会调整为一个内在统一、协调一致的整体。其次，社会本位的实质仍然是以人为本，即不放弃、不抛弃任何一位社会成员，保障社会上所有人都能过上有尊严的体面生活。最后，让所有人过上有尊严的体面生活需要物质利益来支撑。因此，社会本位还要求社会法促进和保障社会利益，使得社会利益在所有人之间得到公平分配。

（二）倾斜保护原则

在社会大环境下，社会成员之间会出现强者和弱者的区别。由于社会强者和社会弱者在天赋条件、所处环境、社会地位、经济实力、市场机会、竞争能力等方面都存在较大差别，相较于社会强者，社会弱者在生存和发展方面面临着很多困境。例如女性和男性在生理上存在明显差异，这些生理上的差异使得女性相较于男性在就业活动中处于劣势。因此，解决社会弱者的生存和发展问题，不能仅靠平等保护，必须优待、扶持社会弱者，对社会弱者进行倾斜保护。

（三）社会保障原则

保障社会弱者要依靠全社会的力量。社会保障就是一部分社会成员保障另一部分社会成员，人人为我，我为人人。最典型的例子就是基本医疗保险制度，该制度的建立和实施集聚了单位和社会成员的经济力量，再加上政府的资助，可以使患病的社会成员从社会获得必要的物资帮助，减轻医疗费用负担。

（四）人权保障原则

社会保障归根结底保障的是社会成员的人权，即保障社会成员过上有尊严的体面生活的权利。一方面，人权是人生而为人应当享有的权利，关系到人的生存和发展；另一方面，社会保障只限于对人的生存和发展提供最低限度的保障，即只限于人权保障。这是因为，过高程度的社会保障很容易使得社会成员滋生不劳而获、不思进取的懒人心理，这将不利于社会的进步与发展。

第二节
社会法的体系

一　劳动法

相较于用人单位，劳动者无论在经济上还是地位上都处于弱势地位。为了实现实质平等，劳动法对劳动者合法权益进行倾斜保护。广义上的劳动法包括《中华人民共和国劳动法》、《中华人民共和国劳动合同法》、《中华人民共和国劳动争议调解仲裁法》、《女职工劳动保护特别规定》等，狭义上的劳动法仅指《中华人民共和国劳动法》。劳动法是最基本的社会保障。让劳动者过上有尊严的体面生活，应该是全社会的目标和共识，因为我们都是劳动者。

现实生活中，有些未成年人会在课余时间兼职打工。这些未成年人根据年龄可被分为未成年工和童工。根据我国劳动法的规定，"未成年工"是指年满 16 周岁未满 18 周岁的劳动者，是合法劳动者，其合法权益法律有明确规定；而"童工"是指未满 16 周岁，与单位或者个人发生劳动关系，从事有经济收入的劳动或者从事个体劳动的少年、儿童。我国制定了《禁止使用童工规定》，明确禁止雇用童工，这是国家法律对低龄未成年人的重点保护措施。根据该规定，用人单位使用童工的，由劳动保障行政部门按照每使用一名童工每月处 5 000 元罚款的标准给予处罚；童工患病、受伤、伤残或者死亡的，用人单位应当承担相应的法律责任。

案例 9-1

李某是安徽某汽车技工学校 2016 级学生。2016 年 10 月 20 日开始，李某在某快递公司兼职，兼职期间李某未满十六周岁。2016 年 11 月 22 日晚 10 时 30 分左右，在位于肥东县的该快递公司合肥分公司院内，车辆在卸货过程中突然启动行驶，车内卸货人员李某从货车上摔下，受伤致十级伤残。

分析：本案中，李某直接与快递公司沟通后被其安排在公司院内卸货，为该公司提供劳务，因此李某系被快递公司直接招录和聘用。李某在快递公司兼职时未满十六周岁，而劳动法第十五条第一款规定："禁止用人单位招用未满十六周岁的未成年人。"因此，该快递公司属于非法雇用童工。根据《禁止使用童工规定》第六条第一款的规定，快递公司使用童工李某满一个月，应处 5 000 元罚款。并且快递公司在工作过程中安全防范措施不强，致使未成年人受伤致残，存在严重过错，侵犯了李某的健康权。根据《禁止使用童工规定》第十条的规定，快递公司应当负责将李某送到医疗机构治疗，并负担治疗期间的全部医疗和生活费用，并且按照国家工伤保险的有关规定的数额一次性对李某给予赔偿。此外，快递公司还应由工商行政部门吊销营业执照。

二 社会保障法

社会保障法是调整社会保障过程中发生的经济关系的法律规范的总称。社会保障法主要保护生活贫困的人，遭遇特殊社会风险的人，老、弱、病、残和其他生活不幸的社会弱势群体的利益，并以此为底线保障全体社会成员的生活安全。具体包括面向有工资收入的劳动者的社会保险法、面向因没有收入或收入微薄而买不起社会保险的贫困者的社会救助法、面向全体社会成员的更高层次社会福利法，以及面向特殊贡献者或特殊群体的社会优抚法。

（一）社会保险法

社会保险是指为丧失劳动能力、暂时下岗或因健康原因造成损失的人口提供收入或补偿的一种社会和经济制度，目的是保障靠劳动收入生活的人和他们家人的基本生活条件，促进社会安定。《中华人民共和国社会保险法》将我国境内所有用人单位和个人都纳入了社会保险制度的覆盖范围，对于建立覆盖城乡居民的社会保障体系，更好地维护公民参加社会保险和享受社会保险待遇的合法权益，使公民共享发展成果，促进社会主义和谐社会建设，具有十分重要的意义。我们熟悉的基本养老保险、基本医疗保险、工伤保险、失业保险和生育保险都属于社会保险。

职工应当参加各类社会保险，用人单位应当为职工办理社会保险，并缴纳社会保险费。实践中，用人单位可能基于用工成本的考虑，或是劳动者可能基于各种原因不愿意缴纳社会保险，双方约定排除用人单位为劳动者缴纳社会保险的义务。在这种情况下，约定"用人单位不必为劳动者办理社保"的条款应当认定为无效。

案例 9 - 2

周某于 2014 年 1 月进入 T 公司从事井下采矿工作。工作期间，双方签订了劳动合同，合同期限为 2014 年 1 月 31 日至 2016 年 1 月 31 日。劳动合同中约定：T公司将社保补贴计入工资，不缴纳社会保险，周某愿承担一切责任及后果。

分析：《中华人民共和国社会保险法》第四条规定："中华人民共和国境内的用人单位和个人依法缴纳社会保险费，有权查询缴费记录、个人权益记录，要求社会保险经办机构提供社会保险咨询等相关服务。"用人单位与劳动者依法参加社会保险、缴纳社会保险费是一项法定义务，社会保险属于劳动合同的法定必备条款。本案中，T 公司直接在劳动合同中免除了自己社保办理与社保费缴纳义务，该条款的内容违反了《中华人民共和国社会保险法》，应当认定为无效。

（二）社会救助暂行办法

社会救助是国家对那些因社会、自然、经济、个人生理和心理等原因而造成生活困难，以致无法正常生存的公民给予资金或物质帮助，使其克服困难、摆脱困境的一种社会保障制度。社会救助对象包括最低生活保障家庭（即低保户）、特困人员、低收入家庭、支出型贫困家庭、受灾人员等。《中华人民共和国社会救助暂行办法》（简称社会救助暂行办法）自 2014 年 5 月 1 日起施行，是我国第一部统筹各项社会救助制度的行政法规。国务院还制定了城市生活无着的流浪乞讨人员救助管理办法、法律援助条例、自然灾害救助条例、城市居民最低生活保障条例等行政法规，并决定建立农村最低生活保障制度。截至 2010 年底，中国共有 7 700 万困难群众享受低保待遇。社会救助事关困难群众基本生活和衣食冷暖，通过对社会成员提供最基本的生活保障，实现公民的基本生存权，是一项兜底线、救急难、保民生的基础性制度安排，是社会成员权利保障的最后一张安全网。

　　根据社会救助暂行办法的规定，生活困难的居民可以申请当地最低生活保障，但要符合三个条件，即本地户籍、家庭收入低于当地人均标准和家庭财产符合当地人民政府规定的条件。在满足上述条件时，可申请享受国家最低生活保障待遇。

案例 9 - 3

　　刘某是 Q 市人，家里共三口人。多年来，刘某和妻子靠种地的收入勉强过日子。后来，为了供孩子念大学，刘某开始在农闲时打些零工。一天，刘某在回家的路上被一辆车撞倒在地，后被过路人送往医院进行救治。经过紧急抢救，刘某脱离了危险，但其左腿因事故导致粉碎性骨折，需要在医院治疗一段时间。本就生活拮据的一家人，面对这突如其来的车祸事故，生活更是苦不堪言。刘某整日闷闷不乐，同一病房的患者都来开导他，其中一个患者说起申领低保的事，刘某听了总算是松了口气。

　　分析：本案中，刘某一家三口都是 Q 市常住户口，且均没有收入来源，又无其他家庭财产支撑生活。根据社会救助暂行办法第九条规定："国家对共同生活的家庭成员人均收入低于当地最低生活保障标准，且符合当地最低生活保障家庭财产状况规定的家庭，给予最低生活保障。"刘某一家符合认定低保对象的三个基本条件，因此刘某可以申请最低生活保障。

　　除了我们熟悉的最低生活保障外，社会救助还包括特困人员供养、受灾人员救助、医疗救助、教育救助等。满足法定条件的公民可以按照社会救助暂行办法的规定申请相应的社会救助。

（三）社会福利法

社会福利是国家和社会根据需要与可能，在法律和政策范围内，通过一定形式向人民提供物质帮助和优质服务的社会性制度。社会福利法包括社会教育福利、住房福利、残疾人福利、老人福利、儿童福利、公共医疗卫生保健和社区服务法律等。我国社会福利制度的建立和不断完善有利于满足人民群众不断增长的美好生活需要，让老百姓充分就业，过上安全、健康、快乐、有序的生活。

社会教育福利与学生息息相关。社会教育福利是以免费或者低费方式向国民提供教育机会和教育条件的社会福利事业。我国社会教育福利的内容主要包括：普及义务教育；实行助学金、奖学金制度；向学生提供无息贷款；实行学生假期购票优惠制度；国家和地方政府以及教育部门设立各种教育机构，面向社会提供免费或低费教育。

在现行的高校资助体系中，国家助学金、国家助学贷款等学生资助资金都能够让一些家庭贫困的同学重回课堂，继续完成大学学业。根据《学生资助资金管理办法》第二条，学生资助资金是指中央财政安排的用于落实高等教育（含本专科生和研究生教育）、中等职业教育、普通高中教育等国家资助政策的资金，包括国家奖学金、国家励志奖学金、免学（杂）费补助资金、服兵役国家教育资助资金、基层就业学费补偿国家助学贷款代偿资金、国家助学贷款奖补资金等。

（四）社会优抚法

社会优抚是国家和社会按照规定，对法定的优抚对象，如现役军人及其家属、退休和退伍军人、烈属等，为保证其一定生活水平而提供的资助和服务。我国的社会优抚法包括 2004 年 8 月国务院和中央军委联合发布的《军人抚恤优待条例》、2011 年 7 月国务院发布的《烈士褒扬条例》以及 2011 年 10 月国务院和中央军委联合发布的《退役士兵安置条例》等。社会优抚制度的建立，对于维持社会稳定、保卫国家安全、促进国防和军队现代化建设、推动经济发展和社会进步具有重要的意义。

一人当兵，全家光荣。国家鼓励青年人积极参军入伍，为我国社会稳定、国家安全、国防和军队现代化建设、经济发展等作出贡献，并通过社会优抚制度褒扬他们的贡献，保证他们的生活达到一定标准。根据我国《退役士兵安置条例》的规定，大学生士兵退役复学（入学）除了可以享受奖学金、助学金和减免学费的优待，还可以免修公共体育、军事技能和军事理论等课程，直接获得学分。青年人应当积极参军入伍，尊重现役军人及其家属、退休和退伍军人、烈属等。

案例 9-4

　　小肖未参加高考或其他统招考试就应征入伍，退役后他参加高考考入广东工程职业技术学院，到校注册报到后可申请学费减免。小杰于 2020 年 6 月高考考取广东工程职业技术学院，大一未就读，保留入学资格应征入伍，两年之后退役且自愿复学，可申请大一至大三学费减免。

　　分析：《退役士兵安置条例》第二十八条第一款规定："自主就业的退役士兵进入中等职业学校学习、报考成人高等学校或者普通高等学校的，按照国家有关规定享受优待。"本案中，小肖根据此条款可以享受学费减免的优待。《退役士兵安置条例》第二十八条第二款规定："入伍前已被普通高等学校录取并保留入学资格或者正在普通高等学校就学的退役士兵，退出现役后两年内允许入学或者复学，并按照国家有关规定享受奖学金、助学金和减免学费等优待。"由此，被保留入学资格的小杰也可以享受学费减免的优待。此外，根据《退役士兵安置条例》第二十八条第二款，二人还可以免修公共体育、军事技能和军事理论等课程，直接获得学分。

三 特殊群体权益保障法

（一）残疾人保障法

　　《中华人民共和国残疾人保障法》（简称残疾人保障法）的制定是为了维护残疾人的合法权益，发展残疾人事业，保障残疾人平等地充分参与社会生活，共享社会物质文化成果。它是维护残疾人合法权益的有力武器，在残疾人合法权益保护法律体系中处于核心地位。根据残疾人保障法，残疾人在康复、教育、劳动就业、文化生活、社会保障、无障碍环境、权益保障等方面享有相应的权利。我国有 8 300 多万残疾人，涉及 2.6 亿家庭人口。改革开放以来，我国残疾人事业不断发展，残疾人生活水平和质量不断提高，但是社会上歧视、虐待、伤害残疾人的现象也时有发生。关心残疾人、帮助残疾人，是丈量一个社会文明高度的重要标尺。

　　根据我国残疾人保障法的规定，首先，残疾人的扶养人必须对残疾人履行扶养义务，残疾人的监护人必须履行监护职责，尊重被监护人的意愿，维护被监护人的合法权益；其次，我国法律禁止扶养人、监护人对残疾人实施家庭暴力，禁止虐待、遗弃残疾人；再次，和其他小孩一样，残疾儿童、少年也需要父母的关爱和教育，需要身体和精神的自由，也需要在父母的鼓励下勇敢地走出家门，增强自己的自立能力；最后，残疾儿童、少年也享有平等接受教育的权利，有权共享教育资源。

案例 9－5

小星患有先天性视力障碍，被亲生父母无情抛弃。养父母担心小星独自外出会遭遇危险，因此整天将小星关在家里，也不让小星上盲人学校，严重限制了小星的人身自由，侵犯了小星的受教育权。

分析：残疾人保障法第九条规定："残疾人的扶养人必须对残疾人履行扶养义务。残疾人的监护人必须履行监护职责，尊重被监护人的意愿，维护被监护人的合法权益。残疾人的亲属、监护人应当鼓励和帮助残疾人增强自立能力。禁止对残疾人实施家庭暴力，禁止虐待、遗弃残疾人。"本案中，首先，小星的亲生父母不仅违反了残疾人保障法中规定的扶养义务，还触犯了《中华人民共和国刑法》，已构成遗弃罪；其次，小星的养父母不仅违反了残疾人保障法中鼓励、帮助残疾人增强自立能力的义务，还有可能构成非法拘禁罪；最后，残疾人保障法第二十一条第一款规定："国家保障残疾人享有平等接受教育的权利。"作为特殊群体，残疾孩子如果缺少正常的人际交往，脱离了正常的生活环境，很容易造成自闭，养成自卑的性格。因此，小星的养父母应当让小星上盲人学校，让她接受教育。

（二）未成年人保护法

青少年是祖国的未来和希望。由《中华人民共和国未成年人保护法》（简称未成年人保护法）第一条可知，制定该法是为了保护未成年人身心健康，保障未成年人合法权益，促进未成年人德智体美劳全面发展，培养有理想、有道德、有文化、有纪律的社会主义建设者和接班人，培养担当民族复兴大任的时代新人。该法作为未成年人保护领域的综合性法律，对未成年人享有的权利、未成年人保护的基本原则和未成年人保护的责任主体等作出明确规定，全面构建了"家庭、学校、社会、网络、政府、司法"六大保护体系。这六大体系各司其职、各负其责，又融会贯通、相互配合、相互促进，犹如编织了一张巨大、无形且严密的网，既替未成年人挡住了外来的侵犯，又助力防范未成年人行差踏错，引导未成年人回归正途。根据未成年人保护法，在我国，未成年人是指未满18周岁的公民，包括18周岁以下的青年、少年、幼儿和婴儿。

在我国，接受义务教育是未成年人的法定权利和义务，任何个人或组织不得剥夺未成年人的受教育权。根据我国未成年人保护法的规定，作为未成年人的父母或其他监护人，不得放任或迫使应当接受义务教育的未成年人失学、辍学。青少年一方面应该自觉接受义务教育，做到不逃学、不旷课，认真学习文化知识；另一方面也要依靠法律来争取和保护自己受教育的权利，同强迫自己弃学经商、弃学做工、弃学务农等非法行为做斗争。

案例 9 - 6

小明是位品学兼优的中学生，他的父亲经营一家小吃店，生意兴隆，一个人忙不过来，于是想让小明退学帮忙。小明在校听了普法办关于《中华人民共和国义务教育法》和《中华人民共和国未成年人保护法》的宣传，向父亲讲明："你让我退学，是一种违法行为。"没想到父亲却瞪起眼说："我不让你上学，还不是为你好！我是你爸，你就得听我的，自古就是这个理。"小明未能说服父亲，便找到普法办的叔叔帮忙。经开导，小明的父亲终于认识到自己的错误，同意儿子继续上学。

分析：《中华人民共和国未成年人保护法》第十七条规定："未成年人的父母或者其他监护人不得实施下列行为：……（五）放任或者迫使应当接受义务教育的未成年人失学、辍学……"案例中，小明的父亲迫使儿子辍学的行为违反了未成年人保护法。而小明依靠法律，争取到了自己受教育的权利。

根据我国未成年人保护法的规定，学校、幼儿园的教职员工应当尊重未成年人人格尊严，不得对未成年人实施体罚、变相体罚或者其他侮辱人格尊严的行为。学生遭遇此类情况时，可以按照我国法律的相关规定，拿起法律的武器维护自己的合法权益。

案例 9 - 7

小刚今年上三年级，平时活泼好动，喜欢与同学打闹。一次上语文课的时候，小刚与同桌小声地说了几句话，刚好被语文老师发现了。语文老师很是气愤，认为小刚太不尊重自己，便不留情面地当着全班同学的面把小刚骂了一通，其中不乏人身攻击、侮辱人格的话语。骂完后，语文老师还要求小刚站在教室的外边，未经老师同意，不得进入教室。就这样，小刚在教室外面站了半个多小时。更为严重的是，自此以后的每节语文课，小刚都必须去外边罚站。

分析：本案中，语文老师的做法违反了未成年人保护法第二十七条。因此，本案中的小刚及其家长应主动向学校如实反映情况，要求语文老师改正其错误做法。

为了保护未成年人隐私权，我国未成年人保护法中规定，除特殊情况外，原则上任何组织或者个人不得开拆、查阅未成年人的信件、日记、电子邮件或者其他网络通信内容。许多父母为了让孩子好好学习，避免他们受到不好的影响，恨不得时时刻刻监控孩子的一举一动。然而这样的做法不仅会加重孩子的抵触情绪，还会剥夺孩子应有的自由空间，不利于孩子的健康成长和良好亲子关系的建立。

案例 9-8

　　小丽是一名初中生，性格开朗，酷爱结交朋友，经常利用 QQ 和电子邮件与朋友进行交流，有时候会与朋友们聊到很晚。小丽的父母总是担心小丽一直玩这些社交软件会耽误学习，更担心小丽结交到一些不良青年。于是，小丽父母便向小丽提出要检查一下她近期的聊天记录或者邮件往来记录，但被小丽拒绝了。一次，小丽的父母打开小丽的电脑，偷看了小丽与朋友的邮件往来记录。这一幕恰好被小丽撞见，小丽觉得父母侵犯了自己的隐私权，小丽父母却认为作为父母，他们有权对小丽进行管教。

　　分析：根据我国未成年人保护法第六十三条第二款的规定，除特殊情况外，包括父母在内的任何组织或个人都不得开拆、查阅未成年人的信件、日记、电子邮件或者其他网络通信内容。因此，小丽的父母查阅小丽邮件往来记录的行为违反了未成年人保护法。小丽的父母应充分保护孩子的隐私权，采取正确的方式与孩子进行沟通，了解孩子的需求，而不应以偷看电子邮件、聊天记录等侵犯孩子隐私权的方式进行监护。

（三）妇女权益保障法

中国妇女权益保障事业始终是党领导的伟大事业的组成部分，妇女权益是基本人权。我国一直致力于消除针对妇女的偏见、歧视、暴力，让性别平等真正成为全社会共同遵循的行为规范和价值标准。《中华人民共和国妇女权益保障法》（简称妇女权益保障法）是为了保障妇女的合法权益，促进男女平等和妇女全面发展，充分发挥妇女在全面建设社会主义现代化国家中的作用，弘扬社会主义核心价值观，根据宪法制定的法律，是我国人权保障法律体系的重要组成部分。妇女权益保障法贯彻落实男女平等基本国策，强化妇女独立人格权利，促进妇女全面发展，倡导全社会尊重和关爱妇女，鼓励和支持妇女自强。不断丰富妇女权益保障制度内容，有利于保护广大女性的基本权益，给每一位女性绽放的力量。

陈某某与李某某系夫妻，两人常因家庭琐事发生争吵，陈某某多次殴打李某某，李某某向法院申请人身安全保护令，法院作出民事裁定，禁止陈某某对李某某实施殴打等家庭暴力。后陈某某诉至法院要求与李某某离婚，李某某认为陈某某对其实施家庭暴力，要求支付损害赔偿 10 万元。同时，李某某患有乳腺肿瘤需要长期治疗，但因收入微薄，离婚后面临生活困难，故要求陈某某支付离婚经济帮助 5 万元。依据《中华人民共和国民法典》第一千零九十条、第一千零九十一条规定，法院判决被告离婚的同时，支持李某某获得过错损害赔偿 3 万元、经济帮助 3 万元，合计 6 万元。

分析：妇女权益保障法第四十六条第一款规定："禁止对妇女实施家庭暴力。"本案中，陈某某对妻子李某某实施殴打等家庭暴力行为违反了妇女权益保障法，李某某在多次遭受家庭暴力后通过向法院申请人身安全保护令来维护自身合法权益十分明智。人身安全保护令可以通过禁止被申请人实施家庭暴力，禁止被申请人骚扰、跟踪、接触申请人及其相关近亲属，责令被申请人迁出申请人住所等措施保护我们的人身安全。本案是一起典型的因妇女受家庭暴力而导致的离婚案件，法院依法支持妇女（无过错方）的赔偿请求，对于家庭暴力这样违反法律和道德的行为，旗帜鲜明地给予否定性评价。同时，法院适用离婚经济帮助的法律规定判决男方给予有困难的妇女一定的经济帮助，由此让弱势群体充分感受到司法的温度。

（四）老年人权益保障法

尊老爱幼是中华民族的传统美德，也是每个公民应尽的法律义务。为了保障老年人权益，发展老龄事业，弘扬中华民族敬老、养老、助老的美德，我国颁布了《中华人民共和国老年人权益保障法》（简称老年人权益保障法）。该法是以宪法为依据的，第一部保护老年人合法权益和发展老龄事业相结合的专门法律。老年人权益保障法在总则中规定："国家和社会应当采取措施，健全保障老年人权益的各项制度，逐步改善保障老年人生活、健康、安全以及参与社会发展的条件，实现老有所养、老有所医、老有所为、老有所学、老有所乐。"根据该法，老年人享有受赡养权、自由支配财产权、婚姻自由权以及其他合法权益。老年人权益保障法在给予老龄群体更加强有力的庇护、保障老龄群体基本权利、提升社会治理效能方面具有积极意义。制定和有效实施老年人权益保障法是推动社会治理体系和治理能力现代化的必由之路。根据老年人权益保障法，在我国，老年人是指 60 周岁以上的公民。

根据我国老年人权益保障法的规定，赡养老人是子女的法定义务，作为子女应当积极主动关心、照顾老年人。虽然金钱可以让老人过上物质富足的生活，但人到老年，更多的是需要子女的陪伴。因此，子女应当尽自己的能力多花些时间陪陪自己的父母，常回家看看，积极履行对老年人生活上照料和精神上慰藉的义务，照顾老人的特殊需要。

案例 9 - 10

张大爷老两口有一个女儿，名叫小张，现已成家，并长期居住在国外。小张由于家庭和工作关系很少回国看望父母，甚至也很少打电话，只是每月都会给父母汇一笔高额的生活费。张大爷老两口对女儿的做法感到很难过，二老对小张称，不求小张能挣多少钱，就希望小张能经常回家看看。可小张却说，自己已经给父母最好的物质生活了，为什么父母还是不满足？自己每天在外拼命赚钱还不都是为了能让父母过得更好，真不知道怎么做父母才能满意。

分析：老年人权益保障法第十三条规定："老年人养老以居家为基础，家庭成员应当尊重、关心和照料老年人。"第十四条规定："赡养人应当履行对老年人经济上供养、生活上照料和精神上慰藉的义务，照顾老年人的特殊需要。赡养人是指老年人的子女以及其他依法有赡养义务的人。赡养人的配偶应当协助赡养人履行赡养义务。"由此，赡养人应当履行对老年人经济上供养、生活上照料和精神上慰藉的义务，照顾老年人的特殊需要。子女对老人的赡养应是全方位的，不仅仅是给予足够的物质生活物品。本案中的小张虽然给了老人富足的物质生活，但也应该多回家陪陪老人。随着年龄的增加，老人的孤独感也会增长，他们希望子女给予的更多的是心灵的安慰。作为子女，即使因为工作、生活等原因无法长期陪在父母身边，也应该经常与父母通电话。

（五）预防未成年人犯罪法

关心青少年的成长，为他们身心健康发展创造良好的条件和社会环境，是党和国家义不容辞的责任。为了保障未成年人身心健康，培养未成年人良好品行，有效预防未成年人违法犯罪，我国制定了《中华人民共和国预防未成年人犯罪法》（简称预防未成年人犯罪法）。预防未成年人犯罪法是我国最近颁布的第一部预防未成年人犯罪的专门法律，在国际上也属首创。该法从未成年人的身心特点出发，从源头抓起，正确处理了教育与惩罚、引导与限制、预防与治理的关系，有利于从法律上遏制未成年人的犯罪行为倾向，帮助未成年人健康成长。

　　未成年人身心发展还不够健全，容易受到不良诱惑，误入歧途。因此，我国预防未成年人犯罪法将"进入法律法规规定未成年人不宜进入的场所"规定为不利于未成年人健康成长的不良行为。根据未成年人保护法可知，上述场所包括营业性歌舞娱乐场所、酒吧、互联网上网服务营业场所等。未成年人应当遵守法律相关规定，对自身进行严格的要求，自觉做到不出入歌舞厅等场所。

案例 9 – 11

　　小王是初中二年级的学生，也是班里的班长，小王经常帮助同学们做一些事情，与同学们的关系很好。眼看小王的生日就要到了，全班同学想一起为小王庆祝生日。于是，在小王生日当天，全班同学一起来到饭店为小王开了庆生派对，大家玩得很开心。吃完饭后，在一个同学的提议下，小王和同学们都去了歌舞厅。在进入歌舞厅之前，保安检查大家的身份证时，发现这些同学均是未成年人，因此将他们拦在了门外。

　　分析：未成年人由于受到年龄、智力发展、社会经验等限制，身心发展还不健全，极容易受到不良行为的影响。所以，为了保护未成年人免受不良影响，保障未成年人的身心健康发展，根据《中华人民共和国预防未成年人犯罪法》和《中华人民共和国未成年人保护法》的规定，未成年人不得进入营业性歌舞娱乐场所。同时还要求歌舞娱乐场所在显著位置设置未成年人禁入的标志，对于难以判明是否已成年的，应要求其出示身份证件。因此，本案中保安拒绝让这些未成年人进入歌舞厅的做法是正确的。此外，本案中学生的父母或者其他监护人发现孩子存在出入歌舞厅等不良行为的，应当及时制止并加强管教。

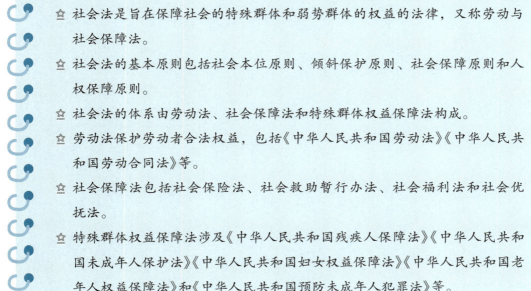

本章要点

☆ 社会法是旨在保障社会的特殊群体和弱势群体的权益的法律，又称劳动与社会保障法。

☆ 社会法的基本原则包括社会本位原则、倾斜保护原则、社会保障原则和人权保障原则。

☆ 社会法的体系由劳动法、社会保障法和特殊群体权益保障法构成。

☆ 劳动法保护劳动者合法权益，包括《中华人民共和国劳动法》《中华人民共和国劳动合同法》等。

☆ 社会保障法包括社会保险法、社会救助暂行办法、社会福利法和社会优抚法。

☆ 特殊群体权益保障法涉及《中华人民共和国残疾人保障法》《中华人民共和国未成年人保护法》《中华人民共和国妇女权益保障法》《中华人民共和国老年人权益保障法》和《中华人民共和国预防未成年人犯罪法》等。

思考与练习

1. 社会法包括哪些具体法律？

2. 如何理解劳动法在现代社会的作用？

3. 社会保障法与社会保险法的区别是什么？

4. 社会法的基本原则有哪些？

5. 如何理解"社会弱势群体"的概念？

第十章

刑 法

【学习目标】

素质目标
- 树立维护刑法、遵守刑法的意识

知识目标
- 了解刑法的基本概念、原则与内容
- 熟悉刑法分则各章节的具体内容

能力目标
- 能够阐述刑法的基本概念与原则
- 能够判断案例中行为人所触犯的具体罪名

本章导入

　　我国是世界上治安非常好的国家之一，而这样的成就背后便有刑法的身影。刑法是规定犯罪与刑罚的法律，是我国的基本法律，因其调整社会关系的广泛性和调整手段的特殊性而区别于其他法律。在法治社会中，刑法犹如一道坚固的防线，守护着社会秩序与公平正义。它通过规范社会关系，惩治犯罪行为，保障社会的稳定和公正。

　　学习刑法不仅是为了维护自身权益，也是为了增强法治观念，避免违法犯罪。通过了解刑法，你将学会如何在日常生活中运用这些法律知识，成为一个懂法、守法的好公民。

第一节

刑法概述

一　刑法的概念

　　刑法是规定犯罪及其法律后果的法律规范的总和。因为犯罪的主要法律后果是刑罚，所以，刑法又称犯罪法或刑罚法。在我国，刑法是由全国人民代表大会及其常务委员会制定和修正的，规定犯罪及其法律后果的法律。我国刑法的任务包含两方面内容：第一，惩罚犯罪，即使用刑罚同一切犯罪行为作斗争。第二，保护人民、社会和国家，也就是保卫国家安全，保卫人民民主专政的政权和社会主义制度；保护国有财产和劳动群众集体所有的财产，保护公民私人所有的财产；保护公民的人身权利、民主权利和其他权利；维护社会秩序、经济秩序，保障社会主义建设事业的顺利进行。

二　刑法的基本原则

　　刑法的基本原则是指刑法明文规定的、在全部刑事立法和司法活动中应当遵循的准则。刑法规定的基本原则有三个，即罪刑法定原则、刑法适用平等原则和罪责刑相适应原则。

（一）罪刑法定原则

罪刑法定原则又称罪刑法定主义，是人类社会文明的优秀成果，并且已经成为刑事法律理论与实践发展不可撼动的思想基础。《中华人民共和国刑法》（简称刑法）第三条规定："法律明文规定为犯罪行为的，依照法律定罪处刑法律；法律没有明文规定为犯罪行为的，不得定罪处刑。"罪刑法定原则主要体现为：在刑事立法方面，刑法总则规定了犯罪的一般定义、共同构成要件、刑罚的种类、刑罚运用的具体制度等，刑法分则明确规定了各种具体犯罪的构成要件及其法定刑，为正确定罪量刑提供明确、完备的法律标准；在刑事司法方面，废除了刑事司法类推制度，要求司法机关严格解释和适用刑法，依法定罪处刑。

（二）刑法适用平等原则

刑法第四条规定："对任何人犯罪，在适用法律上一律平等。不允许任何人有超越法律的特权。"它意味着对所有的人，不论其社会地位、民族、种族、性别、职业、宗教信仰、财产状况如何，在定罪量刑以及行刑的标准上都平等地依照刑法规定处理，不允许有任何歧视或者优待。

（三）罪责刑相适应原则

罪责刑相适应原则也称罪刑等价主义或者罪刑相均衡原则。刑法第五条规定："刑罚的轻重，应当与犯罪分子所犯罪行和承担的刑事责任相适应。"据此，刑法规定的罪责刑相适应原则有两方面内容：刑罚的轻重与客观的犯罪行为及其危害结果相适应，就是按照犯罪行为对社会造成的实际危害程度决定刑罚轻重；刑罚的轻重与犯罪人主观恶性的深浅、再次犯罪危险性的大小相适应。

三　刑法的空间效力

刑法的空间效力，是指刑法在什么地域、对哪些人适用的问题。理论上一般认为刑法的空间效力具有以下四个原则。

（一）属地管辖原则

一个国家的刑法在这个国家的领域范围之内是有效的。属地是一个立体的概念，既包括这个国家的领陆，也包括这个国家的领海和领空。根据我国刑法规定，领域不仅包括了领陆、领海、领空，还包括了刑法上所说的浮动领土。刑法第六条第二款还规定："凡在中华人民共和国船舶或者航空器内犯罪的，也适用本法。"

（二）属人管辖原则

所谓属人管辖，就是按照国籍的原则来管辖。这一原则体现在我国《刑法》第七条第一款之规定："中华人民共和国公民在中华人民共和国领域外犯本法规定之罪的，适用本法，但是按本法规定的最高为三年以下有期徒刑的，可以不予追究。"第七条第二款规定："中华人民共和国国家工作人员和军人在中华人民共和国领域外犯本法规定之罪的，适用本法。"

（三）保护管辖原则

该原则具体体现在我国刑法第八条之规定："外国人在中华人民共和国领域外对中华人民共和国国家或者公民犯罪，而按本法规定的最低刑为三年以上有期徒刑的，可以适用本法，但是按照犯罪地的法律不受处罚的除外。"

（四）普遍管辖原则

这是对国际犯罪惩治的管辖原则。《中华人民共和国刑法》第九条对其作出了具体规定："对于中华人民共和国缔结或者参加的国际条约所规定的罪行，中华人民共和国在所承担条约义务的范围内行使刑事管辖权的，适用本法。"

第二节

犯罪与刑罚

刑法中的犯罪有不同的定义。从形式意义上讲，犯罪是刑法明文规定的应受刑罚惩罚的行为。从实质意义上讲，犯罪是一种严重危害社会的行为。

在我国，要构成犯罪需要满足犯罪构成要件。犯罪构成要件主要包含犯罪客体、犯罪客观方面、犯罪主体、犯罪主观方面。

（一）犯罪客体

犯罪客体是犯罪活动侵害的、为刑法保护的社会利益。例如，故意杀人罪的客体是被害人的生命权。

（二）犯罪客观方面

犯罪客观方面是指刑法所规定的，说明犯罪活动外在表现的诸客观事实，一般包括危害行为、行为对象、行为的危害结果以及犯罪的时间、地点和方法等要素。

（三）犯罪主体

犯罪主体是指实施犯罪行为，并且依法应当负刑事责任的自然人和单位。自然人主体是指具有刑事责任能力的自然人。单位主体是指实施危害社会行为并依法应负刑事责任的公司、企业、事业单位、机关、团体。

（四）犯罪主观方面

犯罪主观方面，指犯罪主体对其实施的危害社会的行为及其所造成的危害结果所持的心理态度，是追究行为人危害社会行为的刑事责任的主观基础。

二 刑罚与量刑制度

（一）刑罚

刑罚，是刑法中明文规定的由国家审判机关依法对犯罪人所适用的限制或剥夺其某种权益的最严厉的法律制裁方法。我国将刑罚分为主刑与附加刑两类。主刑有管制、拘役、有期徒刑、无期徒刑、死刑五种。附加刑有罚金、剥夺政治权利、没收财产三种。此外，刑法第三十五条还规定："对于犯罪的外国人，可以独立适用或者附加适用驱逐出境。"驱逐出境也是一种附加刑。

（二）量刑制度

量刑，又称刑罚裁量，是指人民法院根据刑事法律，在认定犯罪的基础上，确定对犯罪人是否判处刑罚、判处何种刑罚以及判处多重

> **知识链接**
>
> **德主刑辅、明德慎罚的慎刑思想**
>
> 在西周时，我国就已经确立明德慎罚的法律思想，统治阶级强调要宽省刑罚、谨慎用刑，不能草菅人命。慎用死刑，防止滥杀，提倡慎杀、少杀，从而形成了一系列宽仁慎刑、爱惜民命的法律传统。
>
> 今天，刑法当中的谦抑性原则与我国古代的慎刑思想在价值追求上是一致的，都强调慎用刑罚、保障人权。例如在实体法中，严格设定死刑的适用条件；在程序法中，也规定了司法机关独立行使审判权、司法人员回避制度、非法证据排除规则等一系列严格的程序，宽严相济、公道仁恕，实现司法公正。

刑罚，并决定所判刑罚是否立即执行的刑事司法活动。

量刑制度包括累犯、自首和立功、数罪并罚、缓刑等，此处主要介绍自首和立功。

1. 自首

自首，是指犯罪分子犯罪以后自动投案，如实供述自己的罪行的行为，或者被采取强制措施的犯罪嫌疑人、被告人和正在服刑的罪犯，如实供述司法机关还未掌握的本人其他罪行的行为。我国刑法设置的自首制度及其所确立的对自首犯从宽处罚的原则，具有重要的意义：它对于分化瓦解犯罪势力，感召犯罪分子主动投案，激励犯罪分子悔过自新，减少因犯罪而造成的社会不安定因素，起着积极的作用；它有利于迅速侦破刑事案件，及时惩治犯罪，提高刑事法律在打击和预防犯罪中的作用。

2. 立功

立功，是指犯罪分子有揭发他人犯罪行为，查证属实，或者提供重要线索，从而得以侦破其他案件等行为。我国刑法设置的立功制度及其所确立的对立功犯从宽处罚的原则，具有重要的意义：它有利于犯罪分子以积极的态度协助司法机关工作，提高司法机关办理刑事案件的效率，有利于国家，有利于社会；它对于瓦解犯罪势力，促使其他犯罪分子主动归案，减少犯罪造成的社会不安定因素，起着积极的作用；对犯罪分子立功从宽的处罚结果，有助于激励犯罪分子悔过自新、改过从善，进而较好地协调、发挥刑罚的惩罚犯罪和教育改造罪犯的重要功能。

第三节
刑法分则

各国刑法中因犯罪分类的标准不同而形成不同的刑法分则体系。我国刑法分则采取大类制方式，将犯罪划分为十大类，即危害国家安全罪，危害公共安全罪，破坏社会主义市场经济秩序罪，侵犯公民人身权利、民主权利罪，侵犯财产罪，妨害社会管理秩序罪，危害国防利益罪，贪污贿赂罪，渎职罪和军人违反职责罪。我国刑法分则将犯罪划分为十大类的主要依据是犯罪的同类客体，对十大类犯罪进行排列的依据主要是以各类犯罪的危害程度大小为序，由重至轻依次排列。

一 危害国家安全罪

国家安全包括国家的主权以及现行的政治制度、社会制度和领土完整。就具体内容而言，国家安全是指国家的独立、主权和领土完整不受侵犯，国家的政治制度和社会制度不受颠覆，国家的统一和民族团结不受破坏，国家的经济发展、科学进步、文化繁荣不受侵害，对外政治、经济、科技、文化等平等互利的交往和交流不受干涉和阻碍，国家秘密不被窃取，国家机构不被渗透，国家工作人员不被策反，等等。危害国家安全罪主要有背叛国家罪，分裂国家罪，煽动分裂国家罪，武装叛乱、暴乱罪，颠覆国家政权罪，叛逃罪，间谍罪，为境外窃取、刺探、收买、非法提供国家秘密、情报罪，资敌罪，等等。

案例 10-1

　　陈某曾是我国某军工科研院所下属公司的一名网络管理员。该科研院所从事我国重要装备部件研发，属于核心涉密单位。而负责该单位内部网络维护的陈某，就有条件接触到涉密文件。一次，陈某"偶遇"了一名自称彼得的外国人。彼得自称是一名技术专家，此次来中国的目的就是想购买一些技术资料。随后，在高额报酬的诱惑下，陈某开始向彼得提供情报信息。调查证实，陈某窃取并向境外间谍情报机关提供了该科研院所文件共 5 500 多份，其中机密级 146 份，秘密级 1 753份。2019 年 3 月，北京市第二中级人民法院以间谍罪判处陈某无期徒刑，剥夺政治权利终身。

　　分析：间谍罪是指参加间谍组织，接受间谍组织及其代理人的任务，或者为敌人指示轰击目标，危害国家安全的行为。本案中，陈某作为军工科研院所下属公司的网络管理员，其本职工作应该是维护网络安全、保护科研机密，但是陈某接受境外人员的诱惑后，故意为其提供有关军工的情报信息，使我国军工科技秘密泄露，严重危害国家安全，所以构成间谍罪。近年来，我国的尖端科学技术发展迅猛，许多敌对势力用尽各种方法诱捕围猎相关技术人员，甚至高校学生也成为其发展对象。生活中，尽量不要与陌生人接触，也不要与境外人员联系。如果有人要我们拍摄涉及军事秘密的照片，要及时报警，维护国家安全。

二　危害公共安全罪

　　危害公共安全罪是指故意或者过失地实施危害不特定多数人的生命、健康或者重大公私财产安全的行为。危害公共安全罪的保护法益，是不特定或者多数人的生命、身体的安全以及公众生活的平稳与安宁。危害公共安全罪具体包括放火罪，爆炸罪，投放危险物质罪，以危险方法危害公共安全罪，非法持有、私藏枪支、弹药罪，交通肇事罪，危险驾驶罪，妨害安全驾驶罪，强令、组织他人违章冒险作业罪，危险作业罪，危险物品肇事罪，等等。

案例 10-2

被告人高某醉酒后驾驶越野客车，行驶至北京市东城区东直门外大街十字坡路口东 50 m 处时发生交通事故，致 4 车追尾、3 人受伤。他人报警后，被告人高某在案发现场等候处理，后民警赶至现场将其抓获。经司法鉴定，被告人高某血液内酒精含量为 243.04 mg/100 mL。北京市东城区人民法院经审理认为，高某违反法律规定，在道路上醉酒驾驶机动车，致 4 车追尾、3 人受伤，其行为已构成危险驾驶罪。依照《刑法》有关规定，根据其犯罪事实、情节和危害后果，以危险驾驶罪判处被告人高某拘役六个月，并处罚金人民币 4 000 元。

分析：在道路上驾驶机动车，血液酒精含量达到 80 mg/100 mL 以上的，属于醉酒驾驶机动车，以危险驾驶罪定罪处罚。本案中高某醉酒后驾驶机动车且血液中酒精含量达 243.04 mg/100 mL，远超法定标准。高某实施该行为会对公共安全造成不特定的危险，具有社会危害性，符合危险驾驶罪的构成要件，成立危险驾驶罪。在日常生活中要时刻牢记"喝酒不开车，开车不喝酒"的警世良言。

三 破坏社会主义市场经济秩序罪

破坏社会主义市场经济秩序罪，是指违反国家经济管理法规，干扰国家对市场经济的管理活动，破坏正常的交易秩序，使市场参与者的利益以及市场秩序遭受严重损害的行为。本罪侵害的法益是社会主义市场经济秩序。市场经济秩序，是指国家通过法律对以市场进行资源配置的经济运行过程进行调节所形成的正常、协调和有序的状态。破坏社会主义市场经济秩序罪包括生产、销售伪劣产品罪，生产、销售、提供假药罪，生产、销售、提供劣药罪，妨害药品管理罪，生产、销售不符合安全标准的食品罪，生产、销售有毒、有害食品罪，走私普通货物、物品罪，非国家工作人员受贿罪，伪造货币罪，非法吸收公众存款罪，妨害信用卡管理罪，窃取、收买、非法提供信用卡信息罪，内幕交易、泄露内幕信息罪，利用未公开信息交易罪，洗钱罪，集资诈骗罪，贷款诈骗罪，信用卡诈骗罪，保险诈骗罪，逃税罪，抗税罪，组织、领导传销活动罪，非法经营罪，强迫交易罪，等等。

四　侵犯公民人身权利、民主权利罪

公民的人身权利包括人的生命权和健康权，侵犯公民人身权利主要是指侵犯公民的生命权和健康权。公民的民主权利主要是指，公民依法享有的选举权、被选举权、通信自由权等。刑法为了保护公民的人身权利不受侵犯，保障公民能够更好地依法行使自己的民主权利，并使其民主权利不受侵犯，将侵犯公民人身权利、民主权利罪作为专章加以规定。

案例 10-3

2020年9月，被害人周某（2005年7月出生）到某技工学校美术班学习。2021年3月，被告人郑某入职该技工学校，并负责该美术班的数学教学工作。郑某对周某展开追求，后两人多次发生性关系，并发展成男女朋友关系。人民法院经审理认为，郑某的行为构成负有照护职责人员性侵罪，判处被告人郑某有期徒刑一年，并禁止其在刑满释放后五年内从事密切接触未成年人的工作。

分析：本案中郑某利用其老师的身份，以及被害人周某心智不成熟、涉世不深、防备心理不强等特点，诱骗、哄骗周某与其发生性关系，严重损害周某的身心健康。由于被告人郑某作为对周某负有学业教育职责的人员，明知被害人周某系已满14周岁但未满16周岁的未成年人，仍与其发生性关系，其行为构成负有照护职责人员性侵罪。本案警示对未成年女性有监护、收养、教育等职责的人员，勿以"谈恋爱""自愿发生性关系"之名行性侵之实，否则必将受到法律的严惩。

五　侵犯财产罪

《中华人民共和国宪法》明文规定"社会主义的公共财产神圣不可侵犯"以及"公民的合法私有财产不受侵犯"。侵犯财产罪指以非法占有为目的攫取公私财物，或者故意毁坏公私财物的犯罪行为。本罪的客体是社会主义财产关系，包括全民所有和劳动群众集体所有以及公民私人合法所有的财产关系。侵犯财产罪是司法实践中发生较多的案件类型。侵犯财产罪具有以下共同特征：侵犯的客体是公共财产和公民私人财产所有权；客观方面表现为非法占有；挪用或者毁坏公私财物的行为；犯罪主体一般只能是自然人，但是个别犯罪，例如拒不支付劳动报酬罪的犯罪主体也可以是单位；主观方面表现为故意。侵犯财产罪具体包括抢劫罪、盗窃罪、诈骗罪、抢夺罪、侵占罪、职务侵占罪、挪用资金罪、敲诈勒索罪、故意毁坏财物罪、破坏生产经营罪等。

案例 10－4

2008年3月7日9时许，被告人黄某因毒瘾发作无钱购买毒品，以借用卫生间为由进入被害人邓某家中。黄某向邓某借钱遭拒后，拿出随身携带的水果刀威胁其交钱，邓某不从，黄某即持刀割其颈部，致其右颈总动、静脉断裂，大失血休克死亡。邓某之妻闻声过来，黄某将邓某之妻拖入二楼卫生间内，割其颈部，致其左颈总动、静脉断裂，大失血休克死亡。黄某劫得现金约350元及钱包等物后，逃离现场。法院认为，被告人黄某以非法占有为目的，采用暴力手段劫取他人财物，其行为已构成抢劫罪并核准被告人黄某死刑。

分析：本案中黄某毒瘾发作后，为筹钱购买毒品而进入被害人家借钱，遭拒后即持刀杀人，致邓某夫妇二人死亡，犯罪手段残忍，情节特别恶劣，后果和罪行极其严重，构成抢劫罪的结果加重犯。抢劫是极具人身危险性的暴力犯罪，犯罪人往往携带凶器，如果不幸遭遇抢劫，受害人不要反抗，将财物交出，以降低犯罪人的人身危险性，趁机逃跑并及时报警。

六 妨害社会管理秩序罪

妨害社会管理秩序罪是指妨害国家机关对社会的管理活动，破坏社会正常秩序，情节严重的行为，具体包括妨害公务罪，组织考试作弊罪，代替考试罪，帮助信息网络犯罪活动罪，聚众斗殴罪，寻衅滋事罪，非法行医罪，污染环境罪，盗伐林木罪，走私、贩卖、运输、制造毒品罪，非法持有毒品罪，组织卖淫罪，强迫卖淫罪，等等。

案例 10－5

2018年，涂某与万某通过兼职认识后，涂某先后收购了万某的3张银行卡，并让万某帮助其收购银行卡。2019年3月至2020年1月，万某为牟利，在明知银行卡被用于信息网络犯罪的情况下，以亲属开淘宝店需要用卡等理由，从4名同学处收购8张新注册的银行卡提供给涂某，涂某再将银行卡出售给他人，用于实施电信网络诈骗等违法犯罪活动。2020年11月3日，四川省江油市公安局以涂某、万某涉嫌帮助信息网络犯罪将其活动罪移送起诉。同年12月3日，江油市人民检察院以帮助信息网络犯罪活动罪对涂某、万某提起公诉。2020年12月31日，江油市人民法院作出一审判决，以帮助信息网络犯罪活动罪判处涂某有期徒刑一年四个月，并处罚金人民币1万元；判处万某有期徒刑十个月，并处罚金人民币5 000元。涂某、万某未上诉，判决已生效。

分析：本案中涂某、万某为了牟取利益，在明知他人利用银行卡信息实施犯罪时，仍虚构事实骗取同学的银行卡，骗取之后将银行卡提供给犯罪分子。犯罪分子往往利用所获取的银行卡非法进行资金流转，俗称"洗黑钱"。涂某、万某的行为不仅破坏了信用卡的使用秩序，也帮助了犯罪分子实施更加严重的金融犯罪活动，具有严重的社会危害性。但本案中由于万某系大学生且主观恶性不大，从轻处罚。近几年，全国法院一审审结在校大学生涉嫌"帮信罪"案件398件449人，其中江西法院一审审结22件25人。在校大学生成为"帮信罪"的重点群体，让人深感惋惜的同时，也引人深思。

七　危害国防利益罪

国防是一个国家的政治、经济等各个方面赖以存在的基本保障。没有坚强的国防作为后盾，就没有国家的安全和人民生活的安定。因此，国防事业直接关系国家和人民的根本利益，而危害国防利益的各种犯罪，就是直接危害国家利益和人民利益的性质非常严重的犯罪行为，必须予以惩处。危害国防利益罪具体包括破坏武器装备、军事设施、军事通信的犯罪；向部队提供不合格的军需物资的犯罪；聚众冲击军事禁区和严重扰乱军事禁区秩序的犯罪；冒充军人招摇撞骗的犯罪；战时造谣惑众，扰乱军心的犯罪；战时明知是逃离部队的军人而为其提供隐蔽处所、财物的犯罪；战时拒绝或者故意延误军事订货或者拒绝军事征用的犯罪；等等。

案例 10 - 6

被告人刘某、武某，均系男性，无业。2020年12月，被告人刘某犯冒充军人招摇撞骗罪刑满释放后，故伎重施，从互联网上购买迷彩服、作战靴、肩章、迷彩帽、迷彩包等作案工具，伙同武某冒充军人招摇撞骗。2020年12月至2021年3月，刘某谎称自己为某部队现役军人，编造假名，通过社交软件骗取李某等6名被害人的信任，与上述被害人多次发生性关系，骗取被害人钱款共计人民币14 777元。被告人武某冒充某市人民武装部人员，帮助刘某取得其中两名被害人信任，骗取人民币3 150元。内蒙古自治区乌拉特前旗人民检察院于2021年9月7日以刘某、武某犯冒充军人招摇撞骗罪提起公诉。同年10月11日，乌拉特前旗人民法院以冒充军人招摇撞骗罪，判处被告人刘某有期徒刑三年五个月。

分析：本案中刘某、武某冒充军人进行犯罪活动，利用人们尊崇军人、武警的心理，骗财骗色，造成多名受害者人身和财产损失，构成冒充军人招摇撞骗罪。

八　贪污贿赂罪

贪污贿赂罪是指国家工作人员利用职务上的便利，非法占有、使用公共财物，索取、收受贿赂或者取得其他非法利益，破坏职务廉洁性的行为。国家机关工作人员的职务廉洁性是由其所在的岗位和所从事的工作性质决定的。贪污贿赂犯罪严重败坏了国家机关的声誉，损害了国家机关工作人员的形象，对社会具有极大的危害性。贪污贿赂罪包括贪污罪、挪用公款罪、受贿罪、利用影响力受贿罪、行贿罪、对有影响力的人行贿罪、巨额财产来源不明罪等。

案例 10－7

1995年至2003年，被告人程某利用职务便利，多次开具转账支票，陆续将天津海事法院公款共计人民币4 307万余元转入其个人经营的国际贸易有限公司等四家公司，还私自提取公款现金人民币1 557万余元，两项共计人民币5 864万余元。为应付其单位领导和财政、审计部门检查，程某纠集刘某、罗某等人共同制作虚假银行对账单、存款凭证和海事法院的财务账目，制造收支平衡假象。其间，当海事法院资金周转困难时，程某恐其罪行败露，陆续归还人民币2 134万余元，实际侵吞人民币3 730万余元。1999年9月至2004年2月间，被告人程某利用职务便利，截留12家单位支付给海事法院的金额共计人民币986万余元的15张空白抬头转账支票不记账，转入其个人经营的公司。综上，程某贪污公款共计人民币4 716万余元。最终经法院审理，认定被告人程某犯贪污罪，判处死刑，剥夺政治权利终身，并处没收个人全部财产。

分析：贪污罪是国家工作人员的职务犯罪，具有隐蔽性。本案中程某作为天津海事法院领导，利用职务之便将5 864余万元公款转入个人公司账户或者个人账户，供其开支，在面对审计部门检查时，纠集刘某等人做假账，制造收支平衡假象，其行为可以证明其对平账的资金具有非法占有的目的。因此，程某构成贪污罪。

九　渎职罪

渎职罪是指国家机关工作人员在公务活动中滥用职权、玩忽职守、徇私舞弊，妨碍国家管理活动，致使公共财产或者国家与人民的利益遭受重大损失的行为。渎职罪包括滥用职权罪，玩忽职守罪，故意泄露国家秘密罪，徇私枉法罪，民事、行政枉法裁判罪，执行判决、裁定失职罪，执行判决、裁定滥用职权罪，私放在押人员罪，放纵制售伪劣商品犯罪行为罪，不解救被拐卖、绑架妇女、儿童罪，等等。

案例 10－8

2011年2月至2011年12月间，被告人孙某在担任丰县公安局交巡警大队中队长期间，在对洪某未经相关管理部门确认而使用大型客车接送学生的行为进行监管的过程中，两次收受洪某财物，对持有B2机动车驾驶证的洪某驾驶大型客车接送学生的行为，未依法予以制止，也未予以处罚。时任首美中队副指导员的被告人韩某，于2011年10月间发现洪某使用客车接送学生的行为后，没有认真监管，直至2011年11月30日，才按照被告人孙某的安排，向洪某送达停运通知书，并于2011年12月初收受洪某送予的财物。尔后，在被告人孙某、韩某的放任中，洪某得以继续运营。2011年12月12日17时许，洪某驾驶大型客车接送学生回家途中发生交通事故，致乘坐该客车的15名学生死亡、8名学生不同程度受伤。公诉机关认为，被告人孙某、韩某的行为触犯了刑法第三百九十七条第一款的规定，应当以玩忽职守罪追究二人的刑事责任。最终，经法院审理，被告人孙某犯玩忽职守罪，判处有期徒刑四年；被告人韩某犯玩忽职守罪，判处有期徒刑四年。

分析：玩忽职守罪是指国家机关工作人员对工作严重不负责任，致使公共财产、国家和人民的利益遭受重大损失的行为。本案中孙某、韩某分别身为公安局交巡警大队、首美中队的领导，接受洪某钱财，对其开大型客车接送学生却并没有驾驶大客车的资质的违法行为视而不见，最终在洪某接送学生途中造成15名学生死亡的重大事故。孙某、韩某的玩忽职守行为应受到刑法处罚。生活中，如若遇见国家工作人员玩忽职守，可以进行投诉、举报，纠正其不合法履职的行为。

十 军人违反职责罪

军人违反职责罪侵害的法益是国家军事利益。国家军事利益，是指国家在国防建设、作战行动、后勤保障、军事科研、军事秘密、军队建设、战斗力巩固和提高等方面的利益，其与合法政权的存在紧密相关。军人违反职责罪主要包括战时违抗命令罪，非法获取军事秘密罪，隐瞒、谎报军情罪，拒传、假传军令罪，投降罪，战时临阵脱逃罪，擅离、玩忽军事职守罪，阻碍执行军事职务罪，指使部属违反职责罪，违令作战消极罪。

本章要点

☆ 刑法是规定犯罪及其法律后果的法律规范的总和。因为犯罪的主要法律后果是刑罚，所以，刑法又称犯罪法或刑罚法。

☆ 我国刑法的任务包含两方面内容，即惩罚任务和保护人民、社会、国家的任务。

☆ 刑法的基本原则包括罪刑法定原则、刑法适用平等原则和罪责刑相适应原则。

☆ 刑法的空间效力，考虑的是刑法在什么地域、对哪些人适用的问题。刑法的空间效力包括属地管辖原则、属人管辖原则、保护管辖原则和普遍管辖原则。

☆ 从形式意义上讲，犯罪是刑法明文规定的应受刑罚惩罚的行为。从实质意义上讲，犯罪是一种严重危害社会的行为。

☆ 刑罚，是刑法中明文规定的由国家审判机关依法对犯罪人所适用的限制或剥夺其某种权益的最严厉的法律制裁方法。

☆ 刑法分则将犯罪划分为十大类，包括危害国家安全罪，危害公共安全罪，破坏社会主义市场经济秩序罪，侵犯公民人身权利、民主权利罪，侵犯财产罪，妨害社会管理秩序罪，危害国防利益罪，贪污贿赂罪，渎职罪和军人违反职责罪。

1. 刑法的基本原则有哪些?

2. 正当防卫与紧急避险的区别是什么?

3. 外国人在中国盗窃,适用什么管辖?

4. 15 岁未成年人实施抢夺,是否需承担刑事责任?

5. 我国的主刑与附加刑有哪些?

第十一章
诉讼法与非诉讼程序法

【学习目标】

素质目标
- 遵守法律，形成良好的法律伦理意识与责任感
- 树立正确的法律观念，理解法律在社会中的作用与重要性

知识目标
- 了解诉讼法与非诉讼程序法的基本概念、原则、分类
- 准确区分诉讼法与非诉讼程序法基本差异与特征，理解现行法律构造基础体系
- 掌握三大诉讼法与不同种类的非诉讼程序法在现实社会中的适用场景

能力目标
- 能清晰阐述诉讼法与非诉讼程序法的基本概念、原则与分类
- 能具体分析现行诉讼法与非诉讼程序法的适用情景
- 能针对不同案件中相关法律规范的适用，进行客观评价

如果你在日常生活中遇到法律纠纷，你会怎样解决？是通过诉讼，还是非诉讼程序？无论选择哪种方式，都离不开程序法的指导。作为中国特色社会主义法律体系的重要组成部分，诉讼法与非诉讼程序法为我国实体法律的发展、落实起到了至关重要的保障作用。可以说，没有程序法的支持，公民的权利和义务就难以得到合理的保障。

从程序法内部而言，诉讼法倾向于依靠国家强制力的手段"定分止争"，所以作用领域也与刑法、民法、行政法等国家强制性法律紧密相关；而非诉讼程序法则更为灵活多变，更重视纠纷当事人个人意愿的体现与表达。如今，我国逐步探索出一条多元化纠纷解决的发展道路，融情入法，诉讼程序法与非诉讼程序法互为所用，这不仅缓解了司法压力，还保证了司法资源的合理利用。

第一节

诉讼法

诉讼，指案件当事人或其他诉讼参与人因无法寄希望于自力救济而寻求国家机关介入，按照法定程序解决案件纠纷的一种专门活动。随着时代的进步与国家权力的进一步分化，根据当事人提出的诉讼请求和法律关系的不同，诉讼又可分为民事诉讼、刑事诉讼和行政诉讼三种类型。相应地，在中国有三大诉讼法，分别是民事诉讼法、刑事诉讼法、行政诉讼法。诉讼法是规定民事、刑事、行政诉讼活动法律规范的总称。

一　刑事诉讼法

刑事诉讼法是指由国家制定或认可的用于调整刑事诉讼活动的法律规范的总称。其中又包括搜查、审批逮捕、审查起诉、开庭准备、法庭调查、法庭辩论、被告人最后陈述、评议与宣判等具体环节与内容。

（一）刑事诉讼法基本原则

1. 严格遵守法定程序原则

本条指公安机关、人民法院与人民检察院在立案、侦查、起诉、审判、执行等诉讼阶段必须严格遵守刑事诉讼法和其他相关刑事立法的基本规定，不得滥用权力，侵害各方当事人和诉讼参与人的合法权益。

2. 人民法院、人民检察院依法独立行使职权原则

人民法院、人民检察院独立行使审判权、执行权、监督权等权能，不能将职权委托给其他团体或者个人，双方之间不得侵扰，其他团体或个人亦不得干涉两院职责的正常行使。

3. 人民检察院依法实行法律监督原则

在案件审理过程中，如果出现违反法律规定的行为，人民检察院有权对人民法院进行监督，防止其权力滥用。

4. 分工负责、相互配合、相互制约原则

公安机关、人民检察院、人民法院应当按照法律规定的职权分工推进刑事诉讼活动，相互之间不得推诿塞责或者独自包办。三方之间应相互支持、相互配合、相互制约。

5. 未经人民法院依法判决，对任何人不得定罪原则

仅有经过人民法院裁判的案件才依法发生法律效力，其他任何机关都不得享有审判权，不得认定行为人成立犯罪。

6. 犯罪嫌疑人、被告人有权获得辩护原则

犯罪嫌疑人和被告人的基本人权和诉讼权利不容侵犯，即便是罪行非常恶劣的犯罪嫌疑人或被告，都有保留自行辩护与委托律师辩护的权利。

7. 自愿认罪认罚，从宽处理原则

为了给犯罪嫌疑人、被告人改过自新的机会，《中华人民共和国刑事诉讼法》（简称刑事诉讼法）规定，如实供述自己的罪行、承认被指控的犯罪事实并愿意接受处罚与改造的犯罪嫌疑人、被告人，可以减轻处罚。

8. 具有法定情节不予追究刑事责任原则

本原则是刑事诉讼法第十六条的具体体现，该条规定有下列情形之一的，不追究刑事责任：①犯罪情节显著轻微、危害不大，不认为是犯罪的；②犯罪已过追诉时效期限的；③经特赦令免除刑罚的；④依照刑法告诉才处理的犯罪，没有告诉或者撤回告诉的；⑤犯罪嫌疑人、被告人死亡的；⑥其他法律规定免予追究刑事责任的。

9. 上诉不加刑原则

这是刑事诉讼中的特有原则，且仅适用于人民法院所审理的二审案件之中，即如果不存在检察机关抗诉或者案件被告一方上诉的情形时，二审判决结果不得加重被告刑罚。

　　张三(19 岁)，A 市某高校大学生，出售自己名下银行卡为电信网络诈骗团伙"跑分"，以谋取高额非法利益，并先后租用、买卖身边同学名下银行卡帮助该团伙转移资金，涉案流水高达 20 万余元。因其行为涉嫌帮助信息网络犯罪活动罪而被 A 市公安局刑事拘留。

　　该案诉至 A 市人民法院审理，人民法院依据案件事实与法律规范依法对张三作出两年有期徒刑的判决。该生所在高校建议因其系初犯，且年岁尚小，对社会危害性不大，应当对其减轻或免除处罚。在开庭审理前，法院认为案件事实明确，无须扩大影响，采取不对外发放旁听证、不接受媒体现场旁听等手段拒绝他人到庭旁听。

　　分析：若依照本节内容对该案例进行分析，可以得出相关人员的做法违背我国刑事诉讼法律的部分基础原则，具体存在如下不当之处：

　　第一，依照刑事诉讼法规定，只有具备法定情节才不追究刑事责任，在本案中张三的行为并不符合相关规定，且高校作为具有一定行政管理职能的机关单位，无权干涉人民法院审判权的行使。这违反了具有法定情节不追究刑事责任与审判独立原则。第二，法院擅自决定不公开审理是剥夺他人到庭旁听的权利的体现，既不利于公民权利的行使，也是对公开审理原则的破坏。

(二)刑事诉讼当事人角色与诉讼程序

　　刑事诉讼作为国家司法机关在当事人和其他诉讼参与人参加下依法揭露犯罪、证实犯罪和惩罚犯罪分子的活动，所有程序的行使都需依照刑事诉讼法律规范严格进行。对应到具体的司法应用中，完整的诉讼流程包括立案、侦查、起诉、审判、执行等五大阶段。在不同的诉讼阶段，对于案件当事人的称呼也有所不同。

1. 刑事诉讼当事人

　　刑事诉讼当事人，就是指在同一起案件中，与案件有直接利害关系而参与到刑事诉讼程序中的人，包括被害人、自诉人、犯罪嫌疑人、被告人、附带民事诉讼的原告和被告。

　　(1)被害人。在公诉(检察机关提起的案件)中直接受到犯罪行为侵害的当事人。

　　(2)自诉人。在必须由本人告诉才处理或部分轻微的刑事案件中被犯罪行为所侵害的当事人。

（3）犯罪嫌疑人。有证据被司法机关怀疑具有重大作案嫌疑的当事人。

（4）刑事被告人。被具有起诉权的国家机关指控犯罪行为并起诉到人民法院的当事人。

案例 11-2

2004年2月，某大学宿舍发现四具男性尸体。经查，死者是该校生化学院四名学生。该省公安厅与B市公安局经侦查后认定，四人的同学胡某有重大作案嫌疑。两个月后，胡某在B市落网。

该市中级人民法院一审以故意杀人罪判处被告胡某死刑，剥夺政治权利终身。宣判后法定期限内，被告未上诉，该市中院依法报省高院核准死刑判决。高院复核后认为，一审判决定罪准确，量刑适当，程序合法，遂作出裁定，核准中院以故意杀人罪判处胡某死刑、剥夺胡某政治权利终身的刑事判决。2004年6月17日上午9时，B市中院在宣告省高院的死刑复核裁定之后，胡某被执行死刑。

分析：结合以上案例与本节刑事诉讼对当事人的认定可知，在本案中，胡某因存在相关证据印证其可能实施犯罪行为，所以应当由公安机关对案件事实予以详细侦查，在案件事实清楚明确、证据充分的情况下将胡某作为犯罪嫌疑人予以立案；同时，本案四名男子的死亡与胡某的杀害行为存在直接因果关系，故四名男子系本案被害人。

2. 诉讼程序

（1）立案。指公安机关、人民检察院和人民法院对报送到其管辖的范围内有关举报、控告的材料予以受理，综合案件事实与法律，最终决定是否开始侦查与审判的诉讼活动。

（2）侦查。侦查是侦查机关为查实案情而进行的一系列专项调查、鉴定，又为起诉和审判的必经前置程序。

（3）起诉。起诉分为公诉和自诉两种类型。公诉指人民检察院代表国家依法向人民法院提起的追究被告人刑事责任的诉讼；自诉是指被害人本人或者其法定代理人、近亲属向人民法院提起的诉讼。一般而言，自诉案件社会危害性更小，涉及轻微刑事案件居多。所以本节参考案例中胡某故意杀人一案因犯罪性质恶劣、对社会影响大，应该由检察院向人民法院提起公诉。

（4）审判。我国采取两审终审制度，所以审判可分为第一审程序与第二审程序。一般而言，对案件的审判会涉及庭前审查、法庭调查、法庭辩论、最后陈述、合议庭评议、宣判等六大阶段。

（5）执行。执行是刑事诉讼的最后阶段，对于维护犯罪分子人权与司法公正十分重要。而在实际生活中，并非所有的案件经过审理后都会进入到执行阶段，对于没有执行内容的案件则不要求执行，同时，仅有生效的判决和裁定才能交付执行。

二　民事诉讼法

民事诉讼法是国家制定或认可的用以调整我国民事诉讼的法律规范的总和，其蕴含了维护平等主体之间民事权利与义务的核心目的。

（一）民事诉讼法基本原则

相较于三大诉讼法的一般性原则，民事诉讼法也蕴含其独立价值，主要体现在以下几组原则类型之中。

1. 平等原则、同等原则与对等原则

平等原则所针对的是诉讼中原被告之间的关系，包含民事主体条件平等、地位平等、法律保护平等三大要素。同等原则与对等原则是针对中国人与外国人或无国籍人之间的关系：同等原则要求外国人参加诉讼享受与我国公民同等待遇；对等原则是针对境外法院对我国当事人合法权益限制而言的，如外国法院在优惠、利益与惩罚等方面对我国公民、组织加以限制的，我国人民法院也将采取相应的强制措施。

2. 处分原则与辩论原则

处分原则是指当事人有权在法律规定的范围内自由处分自己的民事权利和诉讼权利。辩论原则即人民法院在审理民事案件的过程中，当事人有权进行辩论，有权充分阐述观点、发表自己的主张。这体现了审理过程中对当事人权利进行最大化保障的宗旨。两大原则各有侧重，协同运用。

3. 诚信原则、检察监督原则、在线诉讼与线下诉讼具有同等效力原则

诚信原则，既是民事诉讼法的核心原则，也是对诉讼参与者的最低限度的要求。诉讼当事人的权利既需要合理维护也需要道德伦理的约束，在行使权利和履行义务时要讲究信用、诚信作为。

检察监督原则，指所有生效的判决、裁定以及审判人员的违法行为都应当受到人民检察院的监督。

在线诉讼与线下诉讼具有同等效力原则是对新时代法治进步与时代发展的回应，充分扩大了当事人权利保障范围。

（二）民事诉讼的组成部分

1. 民事诉讼当事人

在民事诉讼中，当事人为维护自身权益，可能会选择采取法律途径，通过人民法院司法救济的途径达成自身的维权目的。在此种情形下，人民法院接受起诉，就将采用《民事诉讼法》所规定的诉讼程序来行使国家审判权，也就是我们常说的"打官司"。既然要打官司，就需要明确有哪些当事人，他们的诉讼地位在具体案件中是什么。总的来讲，民事诉讼中的当事人被立法者区分为原告、被告、共同诉讼参与人、第三人四大类型。

（1）原告和被告。原告，指在具体民事权益纠纷或自身权益遭到侵害时，以自己的名义要求人民法院采取法定措施对自己合法权益予以救济，从而提起诉讼的人。被告，指在具体民事纠纷中被原告指控侵害其民事权益，依法被人民法院通知参加诉讼的人。

（2）共同诉讼参与人。共同诉讼参与人也是具体民事诉讼中的当事人。此类当事人因与原告、被告所诉争的标的一致，分别审理将过分浪费司法资源或人力财力。在满足特殊条件的情况下，人民法院将考虑将此类案件进行并案审理。共同诉讼参与人在具体诉讼中根据其诉讼地位的不同也享有原告或被告的相应诉权。在现代社会中，商事纠纷或涉及群体众多的案件中经常出现共同诉讼参与人的身影。

案例 11-3

胡某为某校大三学生，其性格开朗，热爱拍照，经常于社交媒体分享其生活日常与个人照片。刘某出于嫉妒心理，通过社交媒体、网站发布污蔑胡某出售低俗色情物品等大量具有煽动性的言论，使其他不知情的网民对胡某产生错误认识进而进行言语诋毁。胡某不堪网络暴力，承受巨大精神压力，一纸诉状将刘某告上法庭。

分析：在本案中，胡某应当认定为本侵权纠纷案的原告，刘某为本案被告。根据《民事诉讼法》相关规定，胡某有权提起诉讼，亦可基于自身意愿变更、放弃、撤回诉讼请求或委托代理人，也可就本案与刘某进行调解或和解。

（3）第三人。指在原告和被告的民事权利义务纠纷以外，还出现了可能对原被告之间争议诉讼标的享有独立权利（比如是原物的所有人），或与本案裁判结果存在利害关系，有可能影响到案件的最终处理结果的人。根据情况的不同，第三人概念可以继续分化为有独立请求权的第三人和无独立请求权的第三人。

案例 11-4

案例一：张某不慎弄脏李某家中一幅名家字画，李某起诉张某，要求其进行赔偿。此时王某称字画为自己所有，仅借由李某观赏，欲主张自己的权利。

分析：有独立请求权的第三人指对原告和被告所争议的案件标的享有独立请求权且基于权利诉求参与到正在进行的诉讼中的第三人。本案中，王某主张其对张李之争的字画享有所有权，故王某可以作为有独立请求权的第三人参与诉讼。

案例二：学生花某至某手机专营店购入一部 A 品牌手机，在使用过程中，手机锂电池发生爆炸，将其面部严重灼伤。后花某起诉至人民法院，要求专营店承担其所有损失。经相关部门鉴定，该批次手机存在严重质量问题，需要召回。为此，法院通知手机制造商参与诉讼。

分析：在司法实践中，销售者或生产者作为无独立请求权的第三人参与的产品侵权案件不在少数。相较于有独立请求权的第三人而言，无独立请求权的第三人对案件诉争标的不享有请求权，因此其也无权放弃、变更诉讼请求。在本案中，虽手机专营店为被告，但该型号手机制造商与花某的侵害结果存在法律上的因果关系，且本案最终结果与手机制造商利益相关，故本案手机制造商应当作为无独立请求权的第三人参与诉讼。

2. 诉讼程序

诉讼是连接法律规范与法律实践的纽带。通过这条纽带，诉讼当事人的权利义务得以妥善分配，纠纷得以妥善解决。诉讼的主要程序包括当事人起诉、人民法院受理、开庭审理、判决、当事人向上一级人民法院提起上诉、二审法院审理、判决以及再审程序和执行程序。

（1）审判阶段

当事人起诉，指公民、法人或其他组织因民事权益受到侵犯或与他人发生争议而向人民法院提起诉讼的活动。人民法院对当事人是否适格、诉讼请求是否具体、被告是否明确等内容进行审查后，根据具体情况决定是否或受理案件。人民法院立案之后将在 7 日以内通知原告，并完成材料收集、庭前审查等必要工作，而后通知当事人开庭时间，对相关案件进行审理。在通常情况下，法院将以普通程序审理案件，但在对案件进行评估且经当事人同意的情况下，人民法院也可以适用简易程序对案件作出裁判。

若当事人对一审法院所作判决不服，也可在规定的上诉期内向上一级法院提起上诉，启动二审程序。一旦二审法院作出判决、裁定，便产生终局效力。案件的审理结果尘埃

落定。若发现生效的判决、裁定确有错误，当事人、人民法院、检察院均可依申请或职权启动再审或检察监督，从而对原案件进行纠偏。

（2）执行阶段

一旦民事判决、裁定生效，当事人必须履行。一方拒绝履行，对方当事人可以向人民法院申请执行或由审判员移送执行。由此我们可以看出，并非所有司法机关都有执行权。执行权是人民法院依法采取各类执行措施以及对执行异议、复议、申诉等事项进行审查的权力，包括执行实施权和执行审查权。同时，因执行由人民法院依照生效判决、裁定作出，所以有强制力。可以说，执行程序对公民、法人、相关组织的权益保障起到了良好的维护与促进作用。

案例 11-5

小虎使用手机号注册某游戏直播平台账号，该平台是某文化传媒有限公司旗下产品。小虎先后向该平台某主播打赏 10 余次，单次金额 500—8000 元不等，共计打赏近 7 万元。后发现其打赏主播为男扮女装，愤怒不已，遂起诉至法院，要求该文化传媒有限公司退还钱款。

分析：互联网行业的蓬勃发展带动了直播平台的兴起。在丰富公民文化生活的同时也带来了不少隐患。首先，直播打赏在我国法律中并没有进行明确规定，所以还应根据情况进行具体分析。根据《中华人民共和国民法典》第十八条第一款规定，如果打赏者是完全民事行为能力人，且该打赏行为是其真实自愿的意思表示，属有效民事法律行为，一般不能追回；若一方以欺诈手段，使对方违背真实意思实施民事法律行为，受欺诈方有权请求法院或仲裁机构撤销合同，比如因重大误解订立的合同。同时，根据《中华人民共和国民法典》第一百五十七条规定，民事法律行为无效、被撤销或者确定不发生效力后，行为人因该行为取得的财产，应当予以返还。若打赏者为未成年人，在通常情况下需经其法定代理人（一般是父母）追认，父母不认为该行为有效的，行为无效。但不管是何种情况，还是提醒广大青少年在参与网络活动时不要过分沉迷，尤其是在涉及金钱交易或隐私时需要保持清醒、理智的头脑，多与家长或老师沟通，切勿独断专行。

三 行政诉讼法

行政诉讼法指我国公民、法人或其他组织对享有国家行政职权的机关、组织或其工作人员所作出的行政行为不服，向法院提起诉讼，要求法院对该行为是否合法进行审查并判决的诉讼法律规范的总和。简而言之，就是我们通常所言的"民告官"。

（一）行政诉讼法的基本原则

1. 人民法院特定主管原则

人民法院只受理法律规定的由人民法院管辖范围内的行政案件，不属于行政诉讼受理案件范围内的行政案件，人民法院不享有管辖权。

2. 诉讼不停止行政执行原则

在行政诉讼的过程中，行政机关所作出的处罚决定不会因为被处罚人向人民法院提起诉讼而被迫终止执行。

3. 被告对具体行政行为负有举证责任原则

所谓被告承担举证责任，是指行政机关与被告应当依照法定举证分配义务完成双方举证。若被告未合法履行其举证责任，将承担被撤销行政诉讼或责令限期举证的法律后果。

4. 合法性审查原则

人民法院对于具体的行政行为只审查合法性，不审查合理性。

5. 人民法院审理不适用调解及反诉原则

在行政诉讼中，人民法院审理行政案件不采用调解的方法来结案，同时，对于诉讼中的被告而言，其不能在诉讼过程中提出独立的诉讼请求。

6. 司法变更权有限原则

指法官在具体行政案件中适用法律享有自由裁量权，可依据相关法律、法规或纠纷程序全部或部分变更行政处理决定。

（二）涉诉当事人与诉讼程序

1. 行政诉讼的当事人

行政诉讼的当事人是指因具体的行政行为发生争议，以自己的名义到人民法院进行起诉、应诉和参加诉讼，并受到人民法院判决、裁定约束的公民、法人和其他组织以及行政机关。行政诉讼的当事人可以分为原告、被告、第三人。

（1）原告

原告指合法权益受到行政机关或者行政机关工作人员所实施的具体行政行为的侵犯，依照行政诉讼法的相关规定向人民法院提起行政诉讼的公民、法人或其他组织。

（2）被告

被告与原告成对应关系，指因原告提起的具体行政行为违法而由接受审理的人民法

院通知参加应诉的行政机关。

（3）第三人

因对于具体行政案件的处理结果将会与其产生法律上的利害关系而申请或由人民法院依照职权通知其参与正在进行的行政诉讼程序的公民、法人或其他组织。

案例 11-6

原告林某某与其室友邵某某均为西北某大学在读研究生。二人于 2013 年 10 月 20 日 20 时左右在宿舍因琐事产生争执，发生打斗。其间林某某持水果刀刺伤邵某某手臂等部位，致邵某某轻伤。2013 年 10 月 21 时左右邵某某被送入医院接受治疗，而后邵某某向区域所在处派出所报案。2013 年 10 月 30 日，林某某与邵某某家属达成赔偿协议，由林某某一次性赔偿邵某某医疗费、交通费等费用共计 6 万余元。次日邵某某前往派出所撤案。2013 年 12 月 25 日，二人所就读的西北某大学以林某某的行为严重违反学校规定，在师生中造成恶劣影响为由给予林某某开除学籍处分。该校在作出处分决定以前并未与林某某进行联系，未就处分决定听取林某某的陈述与申辩，且在并无法律依据的情形下，擅自于 2013 年 12 月 25 日作出予以林某某开除学籍处分的决定。林某某与该校协商无果后提起行政诉讼。

本案于 2018 年 7 月 2 日由甘肃省高级人民法院作出（2018）甘行终 132 号判决，认定：林某某的行为没有构成犯罪或被治安处罚，没有达到严重影响公共安全的程度，也不符合《普通高等学校学生管理规定》可予以学生开除学籍处分相关依据，故根据《中华人民共和国行政诉讼法》第二条、第八十九条第一款第（一）项规定判决驳回高校上诉，维持原判，撤销林某某开除学籍处分。

分析：在本案中，林某某正是根据《中华人民共和国行政诉讼法》相关法律规定所赋予公民在遭受行政机关侵权行为时的合法救济权依法向人民法院提起行政诉讼。这既是对自身权利的有效行使，也是对行政机关的合法制约与监督，从而促使行政机关更为成熟、公正，规范行使职权。

（三）诉讼程序

行政诉讼的程序同样涵盖当事人起诉、人民法院受理、开庭审理、判决、当事人提起上诉、二审法院审理、二审法院判决等。总体而言，三大诉讼的程序均应合法、合理、规范。这既体现了法律本身的严谨，也体现出司法机关自身的能动性。

我国纠纷解决系统依照诉讼法与非诉讼程序法的相关规定划分为诉讼与非诉讼两大领域，其中诉讼因其具备国家强制力、权威性强，成为大部分纠纷案件所采取的主要解决措施。但在日常生活中，并非所有问题均需依照强硬手段予以解决，在民事纠纷与轻微刑事案件之中，也可以适当引入非诉讼手段予以化解，从而为当事人双方缓和关系、争取更大的权益平衡提供高效、友好的优化路径。因此，为达成优化司法配置、促进社会关系和谐良性发展的宗旨与目标，两大纠纷解决措施应当相互配合，进行优势互补，提升多元化纠纷解决机制运转的核心动力。从而在减轻诉讼压力的同时能够让更多的基层自治组织参与进来，发挥其能动性，激活群众之间的"链接"，并通过线上解纷、专项解纷等新尝试、新探索，真正促进情、理、法三者的融合，优化我国纠纷解决的架构。

第二节
非诉讼程序法

如果说诉讼法是规范国家司法机关解决社会纠纷的法律规范，非诉讼程序法就是规范仲裁机构或者调解组织解决社会纠纷的法律规范。在日常生活中，并非所有纠纷都必须通过诉讼的方式予以解决，此时非诉讼途径因程序便捷、效率高、灵活性强等特点反而更容易成为纠纷当事方的首选方案。

一 非诉讼程序法的分类

（一）仲裁法

《中华人民共和国仲裁法》对我国仲裁机构与涉外仲裁机构的设立、仲裁委员会的独立属性等内容均作了相关规定，并将自愿、一裁终局、仲裁独立等内容作为仲裁的基本原则，以系统指导仲裁程序的启动与实施。

（二）人民调解法

人民调解作为特殊的纠纷解决机制，为化解民间纠纷、和谐社会关系作出重要贡献。《中华人民共和国人民调解法》是我国调解制度规范化的结晶，其主要对当事人平等、自愿进行调解的内容进行详细规定。它也是人民当家做主、人民参与社会管理的重要体现。

（三）公证法

《中华人民共和国公证法》是从公正程序方面对民事实体法进行贯彻与保障的法律规

范的总和，包括公证活动、业务范围、公证机关的组织与活动原则、公正的管辖等内容。

除此以外，我国还制定了海事诉讼法、引渡法、程序法、劳动争议调解仲裁法、农村土地承包经营纠纷调解仲裁法等法律以健全非诉讼程序法律体系，从而促进我国多元化纠纷解决机制的建设与发展。

二　非诉救济的手段与途径

（一）调解

调解指对于一般民事纠纷或者轻微刑事案件，当事人可以选择由一方或双方向基层群众性组织提出申请，通过人民调解委员的协商或劝说等方式解决纠纷的活动。经人民调解委员会调解达成调解协议后，当事人反悔，仍可以向人民法院进行起诉。若当事人一方拒绝履行或仅部分履行调解协议的，人民法院也可依照对方当事人的申请对其进行强制执行。

案例 11－7

2018年9月1日，张某将其子小张（15周岁）送往重庆市某中学办理新生报到手续。当日下午5时，该中学接到高温放假通知。9月2日，该校开学典礼举行完毕后通知师生归家度过高温假期。小张未回家，随同朋友家长一起到江边玩耍，溺水身亡。张某认为该中学作为正规且全封闭的教育机构，应当对未成年负有人身安全管理义务的职责，且学校并未将高温放假事宜通知家长，存在过错，应当对小张死亡负有民事赔偿责任。张某诉至法院要求该中学承担赔偿损失共计78万余元。

该校辩称，放假信息临时发布，学校不存在刻意隐瞒，且在正式放假以前已向全体同学及家长告知并进行了相关安全教育工作，不存在管理失职，不应承担赔偿责任。

分析：就本案民事赔偿而言，张某可以通过人民调解或法院调解的途径对自身权利进行合法救济。一方面，张某可以找到当地人民调解委员会，通过第三方的介入对自己与校方之间的纠纷进行协调。这种非强制性调解手段又被统称为诉讼外调解。另一方面，张某也可对该案提起民事诉讼。在不存在特殊情况的条件下，人民法院依照具体事实及当事人意愿进行诉讼内调，从而以更为缓和的方式对案件进行处理。在此种情形下，法院所出具的调解书与判决书具有同等法律效力。

（二）仲裁

仲裁指契约双方的当事人通过合意，将双方之间由一定法律关系产生的或可能产生的纠纷交由中立的第三方（即仲裁人），依照双方当事人的约定或法律的规定来进行审理，明辨是非。仲裁协议对双方当事人均具有法律约束力。仲裁因程序启动比诉讼更为便捷且能够有效保障当事人隐私，所以是诸多大中型公司与企业首选的非诉救济途径。但需注意的是，并非所有纠纷都能通过仲裁解决，比如有关婚姻、继承、收养、监护等涉及人身关系的法律纠纷就不能通过仲裁的方式来解决。

（三）复议

复议指公民、法人、其他组织对行政机关所作出的具体行政行为不服的，可以按照法律的相关规定向行政复议机关提出申请，相关复议机关在接到申请后会对有争议的行政行为进行审查并作出复议决定。

（四）申诉

申诉指公民、法人、其他组织对某一问题的处理结果不服，向国家有关机关申诉理由，请求重新处理的行为。申诉是公民维护合法权益的有效手段。它又可以分为两大情形：一是诉讼当事人或其他有利害关系的公民对已经发生效力的判决、裁定不服而向法院或检察院提出重新处理；二是国家机关工作人员或党政、社会团体人员对所受处分不服，向原机关、组织或上级机关、组织提出意见。非诉程序中提到的申诉指后者。

（五）投诉

投诉指公民对民事、经济、行政等方面所存在的违规违法行为，向其相关的主管机关或组织、单位进行反映并要求处理与解决的行为。投诉在我们日常生活中十分常见，这也是公民维护自身利益常用的方式之一。

本章要点

☆ 诉讼，指案件当事人或其他诉讼参与人因无法寄希望于自力救济而寻求国家机关介入，按照法定程序解决案件纠纷的一种专门活动。

☆ 诉讼法是规定民事、刑事、行政诉讼活动法律规范的总称。在中国有三大诉讼法，分别是刑事诉讼法、民事诉讼法、行政诉讼法。

☆ 刑事诉讼当事人，就是指在同一起案件中，与案件有直接利害关系而参与到刑事诉讼程序中的人，包括被害人、自诉人、犯罪嫌疑人、被告人、附带民事诉讼的原告和被告。

☆ 刑事诉讼程序包括立案、侦查、起诉、审判、执行。在实际生活中，并非所有的案件经过审理后都会进入到执行阶段。

☆ 民事诉讼法是国家制定或认可的用以调整我国民事诉讼法律规范的总和，其内在蕴含了维护平等主体之间民事权利与义务的核心目的。

☆ 行政诉讼法指我国公民、法人或其他组织对享有国家行政职权的机关、组织或其工作人员所作出的行政行为不服，向法院提起诉讼，要求法院对该行为是否合法进行审查并判决的诉讼法律规范的总和。

☆ 非诉讼程序法就是规范仲裁机构或者调解组织解决社会纠纷的法律规范。

☆ 非诉救济的手段包括调解、仲裁、复议、申诉、投诉。

思考与练习

1. 诉讼法与非诉讼程序法有哪些联系？

2. 民事诉讼的基本原则有哪些？

3. 如何理解实体正义与程序正义的关系？

4. 如何理解"正义不仅要实现，而且要以人们看得见的方式加以实现"？

5. 如何理解"创新多元化纠纷解决机制，源头化解矛盾纠纷"？

第十二章
法律监督

【学习目标】

⚖ 素质目标
- 形成尊法、学法、用法、守法的法治价值观
- 树立法律监督的主体意识

📖 知识目标
- 了解法律监督的含义与功能
- 熟悉法律监督的基本原则与意义
- 掌握法律监督的类型与监督主体的运作方式

📙 能力目标
- 能阐述法律监督的含义、基本原则与意义
- 能分析法律监督运转机制中的问题
- 能够对法律监督活动进行评价

如果没有人监督校规的执行，校园纪律将会变得如何？如果没有人监督政府的行为，社会秩序又会受到怎样的影响？"无监督制约的权力，必然如洪水猛兽"，这句名言在不同的时期、不同的国家、不同的制度下都得到了充分的验证。让权力在法制的轨道上运行，就要打造制度的笼子，将权力关进制度的笼子里。法律监督就是对法律实施的各环节予以监督，即在法律的执法、司法、守法各环节中，对一切公权力及其行使，如行政权、司法权、执法权或其他权力的行使都必须依法依规进行监督和制约。

在全面推进依法治国的新时期，我国已经形成严密的法治监督体系，但还需要进一步强化法律监督，增强法律监督实效，这也是公正、高效实施法律的重要保证。

第一节

法律监督概述

一 法律监督的概念

在法治社会，法治的运行包括立法、执法、司法、守法等环节，它们共同构成一个有机系统。为了确保法治运行的有效实施，还必须有法律监督这一环节来监督法治各环节的有效运行。一般认为，法律监督的含义可以从广义和狭义两个层面去理解。广义而言的法律监督，是指国家机关、政党组织、社会团体和公民个人等，根据宪法和法律对法治运行的全过程，包括立法、执法和司法等法律活动的程序及其结果是否合法所实施的监督和评价。狭义上的法律监督，则是专指有关国家机关依照法定职权和法定程序，对立法、执法和司法活动的合法性进行的监察和督促。

二 法律监督的基本原则

（一）民主原则

法治是民主政治的产物，民主是法治的前提。因此，民主原则也是法律监督的基本

原则。我国作为人民民主专政的社会主义法治国家，人民代表大会制度是我国的根本政治制度，国家一切权力属于人民。国家权力机关由人民产生，对人民负责，受人民监督。国家行政机关、监察机关、审判机关和检察机关由人大产生，对人大负责，受人大监督。各级人大常委会按照民主集中制的原则，集体行使监督职权，这是中国特色社会主义法律监督最基本的民主特征。

（二）法治原则

法律监督中的法治原则，则是指行使法律监督的主体必须严格依照法定的权责和程序，对法律监督范围的各项法律活动进行法律监督。具体而言，一方面是要求权利主体根据宪法和法律规定的范围进行法律监督，另一方面是要求权力主体必须依照宪法和法律规定的程序行使权力。

（三）公开透明原则

公开透明是法治政府的基本特征。坚持把公开透明原则作为法律监督的基本原则，就是要求立法、执法、司法等各环节的法律活动公开、透明，这也是法律监督顺利展开的基本保障。实行公开原则，增加透明度，既是对权力进行有效监督的必要前提，也是民主法治发展的必然趋势。实践证明，只有实行公开原则，重大情况让人民知道，重大事情经人民讨论，才能有效地规范权力行为，保证法律的有效运行。

（四）依法独立原则

法律监督具有相对独立性，它是法律监督活动能够有效开展并达到目的的基本条件，也是法律监督必须遵循的一条基本原则。具体来讲，有三个方面：一是法律监督机构依法设置，任何机关和个人不得

知 识 链 接

我国古代的法律监督

法律监督是中国古代法律制度中富有特色的一个组成部分。早在西周，我国就已经有了监察机构的设置；在战国时期，进一步设置了具有监督百官职能的御史。《史记·滑稽列传》中讲："执法在旁，御史在后。"中国古代的法律监督制度于秦汉初具规模，经过魏晋南北朝的发展，到唐宋已经形成法规详细、体制健全的封建监察体系。在唐朝，以御史台为中央监察机关，下设台院、殿院、察院。台院负责弹劾究举违法的朝内官吏；殿院负责纠察朝廷礼仪；察院负责"分察巡按郡县"，并可处理地方狱讼事务。到明清两朝，随着君主专制的强化，监察体系更加严密，以都察院和六科给事中代替御史台，实现了监察组织的空前完整和统一。

违反法律规定，任意决定其存废；二是法律监督人员依法任命，任何机关和个人都不能随便剥夺其监督权；三是法律监督活动依法进行，不受其他任何机关、组织和个人的非法干涉。这种相对独立性之所以必要，是因为权力的行使和运用能实现某种利益，权力行使者出于对自身利益的追求和维护，总是力图摆脱监督，千方百计地对法律监督进行干扰。如果法律监督不能排除这些干扰，而屈服于法律监督对象的压力，则法律监督活动就无法实施。

（五）效率原则

法律监督还要坚持效率原则。法律监督越及时、有效，就越能更好地防止和减少权力滥用，从而达到维护国家和人民利益的目的。如果法律监督不及时，没有效率，它也会失去或淡化自身的价值。

三 法律监督的作用

法律监督在整个法律调整过程中，在法律调整的各个阶段都有重要的意义和作用。

（一）法律监督在法的创制阶段的作用

在法的创制阶段，法律监督保证一国的法律、法规具有高度的统一性。法律监督在法的创制阶段的主要作用在于：

一是赋予全国人大及其常委会监督宪法实施的职权，以保证宪法在法律体系中的最高权威和核心地位，其他任何法律、行政法规和地方性法规都不得与宪法相抵触。

二是保证国家权力机关制定的规范性法律文件的效力高于同级行政机关制定的规范性法律文件的效力。

三是保证上级国家机关制定的规范性法律文件的效力高于下级国家机关制定的规范性法律文件的效力。

（二）法律监督在法的实施阶段的作用

在法的实施阶段，法律监督致力于保证各种法律关系的建立、各种法律问题的处理，都依法进行，特别是保证法律适用活动的合法、公正和高效。具体而言，法律监督在法的实施阶段主要有以下作用：

首先，通过对行政执法、司法和法律实施的各种形式和各个环节的监督，可以更有力地保护国家机关及其公务人员依法行使职权，保护公民、法人和其他组织的合法权益，维护社会和谐和国家的长治久安。

其次，通过法律监督，可以结合社会生活的具体情形进一步协调和理顺各国家机关内部的权责关系，各个国家机关之间的关系，以及公权力与公民权利、国家与社会、政府与人民之间的关系等。

最后，通过法律监督，可以保证国家机关在法定范围内依照法定程序来进行法律适用活动，避免或减少执法、司法人员的主观性、任意性，从而保障其所作出决定的合法性、合理性。

四 法律监督的分类

对法律监督可按不同标准进行分类。按照监督主体的不同，法律监督可划分为国家监督和社会监督。国家监督，即国家机关所进行的法律监督，又可以分为权力机关的监督、行政机关的监督和司法机关的监督。社会监督，即各政党、社会团体、组织和人民群众对法律实施所进行的监督。

第二节
国家法律监督

一 国家权力机关的监督

国家权力机关的监督，是指国家权力机关依法对行政机关、监察机关、检察机关、审判机关、军事机关进行监察和督导的活动。这种监督在西方国家，多是按照三权分立原则或者按照议会至上原则设置的。《中华人民共和国宪法》第二条第一款和第二款明确规定："中华人民共和国的一切权力属于人民。人民行使国家权力的机关是全国人民代表大会和地方各级人民代表大会。"《中华人民共和国宪法》第三条第三款规定："国家行政机关、监察机关、审判机关、检察机关都由人民代表大会产生，对它负责，受它监督。"这就决定了国家权力机关既具有立法权又具有法律监督权，既是立法机关又是法律监督机关。我国权力机关的性质及其在国家体制中的地位，决定其代表人民和国家实施法律监督，其监督权不仅包括对国家行政机关的监督，还包括对其他的所有国家机关及其工作人员的监督。当然，国家权力机关的监督必须按照宪法和法律规定的内容和范围进行，具有严格的形式和程序。

根据现行宪法和法律，我国国家权力机关监督职能的发挥主要有立法监督和监督宪法与法律的实施两种方式。

（一）立法监督

立法监督是国家权力机关对制定规范性法律文件的权力的行使进行监察和督导的一种专门活动。立法监督的主要内容如下。

1. 对国务院制定的行政法规决定和命令进行监督

行政法规是对宪法和法律的具体规定。行政立法是现代社会非常重要的一个立法层次和类别，在社会中的地位和作用日渐突出。加强对行政法规的监督是国家立法机关立法监督的重要环节。

2. 对同外国缔结的条约和协定进行监督

我国同他国缔结的关于政治、经济、文化、军事、法律等方面的条约或协定，是我国法律的一种形式，构成国际法的渊源，对于国内的各国家机关及其工作人员均具有约束力。为了保证我国法律的统一和协调，全国人民代表大会常务委员会有权批准或废除我国同外国缔结的条约和协定，对其有效性实行监督。

3. 对省、直辖市国家机关制定的地方性法规进行监督

这些相应权力机关应将制定的地方性法规报全国人民代表大会常务委员会备案，如有同宪法、法律和行政法规相抵触者，全国人民代表大会常务委员会有权撤销。备案是一种事后监督制度，其目的不仅是要对法规予以登记立档以备查考，更重要的是进行合宪性审查，实施事后监控。

4. 对民族自治地方的人民代表大会制定的自治条例和单行条例进行监督

制定自治条例和单行条例，是民族自治权的一个重要内容，而自治权的行使须依照《中华人民共和国宪法》《中华人民共和国民族区域自治法》和其他法律规定。为了保证法律的协调和统一，自治区的自治条例和单行条例须报全国人民代表大会常务委员会批准后才能生效。自治州、自治县的自治条例和单行条例，报省或自治区的人民代表大会常务委员会批准生效后，还须报全国人民代表大会常务委员会备案，以便监督。

5. 对授权立法进行监督

对授权立法的监督表现在：一是对授权国务院制定的暂行规定和条例的监督；二是对授权制定的经济特区的各项单行经济法规的监督。这些暂行规定和条例以及单行法规必须符合宪法，且不能与有关法律原则抵触，并报全国人大常委会备案，以便监督。

（二）监督宪法和法律的实施

首先，按照《中华人民共和国宪法》的规定，我国最高权力机关监督宪法和法律的实施。地方各级权力机关也有权监督法律、法规和规章的实施，监督的对象主要有行政机

关、监察机关、司法机关等国家机关及其工作人员。监督的主要形式有：听取和审议"一府一委两院"实施法律情况的报告，并对其执法、守法行为提出质询和询问；组织视察和检查，特别是经常检查单行法律法规的贯彻执行情况；受理人民群众的申诉、控告，包括对具体案件的申诉控告；听取代表对"一府一委两院"工作的意见和建议，及时纠正违宪和违法行为。

其次，人民代表大会及其常务委员会对司法机关进行监督，既是我国宪法和法律确立的一项重要制度，又是司法机关依法独立公正行使司法权的根本保证。司法机关应当深刻认识接受人民代表大会及其常务委员会监督的重要意义，采取多种形式，开辟多种渠道，自觉、主动地接受人民代表大会及其常务委员会的法律监督和工作监督，严格依法办事，维护司法公正，履行宪法和法律赋予的职责。

还需要注意的是，人民代表大会及其常务委员会对司法机关进行监督，应当遵循司法活动的规律，顾及司法权不同于其他国家权力的特点，维护司法权的终局性、中立性和独立性，注重司法活动的专业性，因为这是确保司法公正和司法权威不可或缺的基础。为此，对司法进行监督，应当以自律为主，他律为辅，并且对人与对事的监督要分离，以避免监督变成行政干预。

二　国家监察机关的监督

国家监察机关的监督，是指国家监察机关依法对所有行使公权力的公职人员的工作效能、廉政、违纪、违法、犯罪等进行的全面监督与督查。国家监察机关的监督是在党的十八大至十九大期间的反腐过程中逐渐探索出的一个新型有效的监察机制。2018 年 3 月 11 日通过的《中华人民共和国宪法修正案》，确立了国家监察权，并专设监察机关，与行政机关、司法机关并列。同年 3 月 20 日又通过了《中华人民共和国监察法》，这是中国特色监察法律体系基本形成的重要标志。

国家监察机关的监督意义，在于通过组织创新和制度创新，整合反腐资源，建立"集中统一、权威高效"的新的国家监察体制，构筑"不敢腐、不能腐、不想腐"的新的有效机制。为了实现国家监察全面覆盖，把党和国家的反腐败工作全面纳入法治化轨道，最为重要的就是对监察对象的全覆盖，并以此为基础建构"集中统一、权威高效"监察法律体系。根据《中华人民共和国监察法》，国家监察机关的监督对象是所有行使公权力的公职人员，具体包括六类：第一，所有党政机关中的公务员及参公管理人员；第二，法律、法规授权或者受国家机关依法委托管理公共事务的组织中从事公务的人员；第三，国有企业管理人员；第四，公办的教育科研、文化、医疗卫生、体育等单位中从事管理的人员；第五，基层群众性自治组织中从事管理的人员；第六，其他依法履行公职的人员。

准确理解监察对象，需要注意以下三点：首先，《中华人民共和国监察法》在立法中首次提出并使用"公职人员"这一概念，而没有使用"国家公职人员"或"国家工作人员"的概念，把所有履行公职的人员都纳入监察范围，大大扩展了监察对象的内涵与外延。其次，明确将"中国共产党机关、中国人民政治协商会议各级委员会机关、民主党派机关和工商业联合会机关"中的公务员列为监察对象，较好地解决了对刑法中国家工作人员认定的意见分歧。最后，明确监察的对象是"公职人员"而非公职人员所在的机关和单位。也就是说，监察的是公职人员行使公权力的职务行为，该公职人员所属的单位不是监察委员会的监察对象。

案例 12-1

2017年1月，李某林入职云南省保山市物资再生利用有限责任公司，其作为"临时工"，具体工作是根据保山市交警支队车管所的委托，登录公安专网办理二手车转移登记、报废机动车注销业务。2017年3月，李某焕（另案处理）通过微信主动联系李某林，请托李某林为其违规办理北京号牌车辆注销业务并承诺给予李某林每辆车人民币3 000元到7 000元不等的好处费。事成后李某焕如期将好处费打给了李某林。得来毫不费功夫的意外惊喜让李某林开启了疯狂的敛财之路：2017年5月底至8月11日期间，李某林利用职务上的便利共计违规注销北京号牌车辆500余辆，非法收受人民币300余万元。2018年初，交通部发现保山市大量违规注销北京号牌车，李某林的事情败露。2018年4月19日，云南省保山市隆阳区纪委监委对李某林依法采取留置措施。2018年7月，保山市隆阳区人民检察院以涉嫌受贿罪依法对嫌疑人李某林进行逮捕。

分析：公职的"临时工"也是监察对象。李某林正是属于第二类监察对象——法律、法规授权或者受国家机关依法委托管理公共事务的组织中从事公务的人员。李某林所在保山市物资再生利用有限责任公司虽为企业，但其所办理的二手车转移登记、报废机动车注销业务属于保山市交警支队车管所依法委托管理的公共事务。而判断一个人是不是公职人员，关键看他是不是行使公权力、履行公务，而不是看他是否有公职。

三 国家检察机关的监督

人民检察院是国家法律监督机关，其主要职能就是法律监督。它通过行使检察权，对适用法律的行为进行监督。推进公正司法、司法公开，提高司法公信力，进一步深化司法体制改革，坚持和完善中国特色社会主义司法制度，确保审判机关、检察机关依法独立公正行使审判权、检察权，所有这一切的顺利进行，都离不开国家检察机关的法律监督。检察机关对法律适用活动的监督是最广泛的监督形式。目前，我国检察机关的法律监督主要包括以下几类。

（一）对审判机关活动的监督

在刑事诉讼中，检察机关对审判活动的监督表现为：出庭的检察人员如果发现审判活动有违法情况，有权向法庭提出纠正意见；检察机关认为法院的裁判有错误时，可以向上级人民法院提出抗诉，而上级人民检察院对下级人民法院已经发生法律效力的判决，如发现确有错误，有权按照审判监督程序提出抗诉；可以派员到死刑执行现场临场监督，还可以对其他任何刑事判决裁定的执行实行监督，如发现有违法情况，有权通知执行机关纠正。在民事诉讼中，检察机关有权对民事审判活动实行法律监督，有权对下级人民法院已经生效的裁判按照审判监督程序予以抗诉，各级人民检察院对同级人民法院的裁判可以提请上级检察院提出抗诉。在行政诉讼中，检察机关有权实行法律监督，有权依审判监督程序提出抗诉。

（二）对监察机关和侦查机关及其活动的监督

检察机关对监察机关、公安机关和国家安全部门的活动是否合法实行监督。检察机关可以通过批准逮捕对公安机关的活动进行监督，通过对监察机关移送的案件的审查批捕和起诉，对监察机关的活动进行监督。

（三）对刑罚执行机关及司法行政活动的监督

检察机关有权对监狱、看守所的活动是否合法实行监督。发现有违法情况时，通知主管机关即司法行政机关予以纠正。

（四）对其他行政活动的监督

只要在检察权的范围内，检察机关都可以通过行使检察权对任何国家机关的履行职责活动是否合法进行审查监督。

（五）对自身的监督

检察机关对自身执法活动的监督，表现为宪法规定的上级检察机关领导下级检察机关的工作，纠正下级检察机关的违法行为。

2021年6月，最高检通过卫星遥感监测发现4条涉大运河、太浦河流域水环境问题线索，随后将线索层转江苏省苏州市检察机关办理。卫星遥感监测表明，汾湖湾318国道南、京杭大运河北段等水域的水体悬浮物浓度、富营养化偏高。由于问题线索跨区域多、涉及面广、成因复杂，采用了四级检察机关联动办案模式，利用公益诉讼快检技术和无人机、无人船、水下机器人等设备精准排查。生态环境部组织专家论证，江苏省生态环境厅指派20名执法人员协查，交通运输、水务、自然资源等10多个行政部门均参与排查，查处沿岸违规砂石混凝土搅拌站、偷排生产废水的碎石作坊等问题企业56家。检察机关专案组向属地政府、相关行政职能部门制发行政公益诉讼检察建议14份，推动行政部门关停取缔问题企业27家，整治提升29家，拆除21家企业违法建筑13.6万 m^2，给17家企业补办环评手续和涉水许可证，改造提升标准化码头10个，修复市政管网10处。

分析：在该案例中，最高检发挥上级检察机关的监督职能，苏州市检察机关发挥检察监督职能，敦促地方政府及相关行政职能部门严格履行自身法定职责，不仅发挥了对自身的监督作用，也体现了对地方政府的行政监督效用，并通过分析报告、情况反映推动当地港口码头、砂石搅拌行业开展专项整治，实现保护生态环境、保障民生需求、服务地方经济发展的"多赢"。

四 国家审判机关的监督

国家审判机关的监督是指国家审判机关对法律的适用过程进行的监督，监督对象主要包括行政机关、检察机关、监察机关。

（一）审判机关对行政机关的监督

审判机关对行政机关的监督，主要表现为通过行政诉讼的审判活动，对行政机关的法律适用过程进行监督。我国行政诉讼法的任务之一就在于，人民法院通过审理行政案件，对行政机关的具体行政行为是否合法进行审查，旨在维护和监督行政机关依法行政，保护人民的合法权利。我国普通审判机关通过审判程序对行政机关的执法行为进行监督。

（二）审判机关对自身审判活动的监督

现行的二审终审制、审判监督制、死刑复核制等都属于此种监督类型。加强审判机

关对自身审判活动的监督，是纠正裁判不公、确保司法公正的重要措施。

（三）审判机关对检察机关和监察机关的监督

由于人民法院、人民检察院、公安机关三者之间是"分工负责、互相配合、互相制约"的关系，因此，人民法院对人民检察院的活动也可以进行监督。

此外，根据《中华人民共和国监察法》和修改后的《中华人民共和国刑事诉讼法》，监察机关在办理职务违法和职务犯罪案件时，与审判机关既互相配合，又互相制约，实际上也是一种监督关系。

案例 12-3

2020年10月30日，广州某百货有限公司未经公安机关许可，在广州市花都区狮岭镇某百货商城门口举办"美食嘉年华"活动，实际参与人数达到1 000人以上。广州市公安局花都区分局依据《大型群众性活动安全管理条例》第二十条第二款的规定，决定对该公司举办的该活动予以取缔，并处以罚款20万元。该公司不服，诉至法院。广州铁路运输中级法院一审判决驳回广州某百货有限公司的诉讼请求。该公司不服，提出上诉。广州铁路运输中级法院二审认为，广州某百货有限公司为追求经济利益，在新冠疫情防控期间，未经公安机关许可，举办大型群众性活动。广州市公安局花都区分局对该公司作出取缔活动并罚款20万元的行政处罚，认定事实清楚，证据确实充分，适用法律法规正确，量罚适当，程序合法。判决驳回上诉，维持原判。

分析：在该案例中，人民法院判决确认行政处罚决定的合法性，坚定支持行政机关依法采取防控措施，充分发挥了对行政机关依法执法的法律监督作用。

第三节

社会法律监督

社会法律监督，主要包括中国共产党的监督、政协民主监督、人民群众监督和社会舆论监督等形式。

一　中国共产党的监督

中国共产党是我国社会主义事业的领导核心，党领导人民制定宪法和法律，同时也领导人民共同遵守、执行宪法和法律，监督宪法和法律的实施。当然，党对国家机关的领导主要是政治、思想、组织上的领导，而不是以党代政，由党去完成国家机关在其职权范围内的工作。党的监督，是通过国家行政机关、司法机关的党组织和党的纪检部门，以向国家机关提出建议的方式所实现的法律监督。

2021年6月，党中央专门印发《中共中央关于加强新时代检察机关法律监督工作的意见》（简称《意见》），为新时代新征程检察工作赋予更大政治责任、历史责任。全国检察机关要坚持以习近平法治思想为指引，认真贯彻习近平总书记在主持十九届中央政治局第三十五次集体学习时的重要讲话精神，深入落实《意见》，以更高质量法律监督助推构建更加严密的法治监督体系，从而更好推进中国特色社会主义法治体系建设。党的领导是中国特色社会主义法治之魂。坚持党的绝对领导，是检察机关法律监督工作的最高原则、最大优势，是人民检察事业行稳致远的最根本保证。

二　政协民主监督

政协民主监督是指政协、民主党派、社会团体等对法律实施的监督。中国人民政治协商会议（简称人民政协）是具有广泛代表性的爱国统一的组织，长期以来在政治协商和民主监督方面发挥着重要作用。全国政协会议与全国人大会议同时召开，共商国是，已经成为惯例。国家的重大决策和重要法律的制定，都要事先征求人民政协的意见。政协委员以视察、调查研究等方式进行法律监督，在实践中发挥了积极、有效的作用。

我国的各民主党派是各自所联系的一部分社会主义劳动者和一部分拥护社会主义的爱国者的政治联盟，是接受中国共产党领导的，同中共通力合作，共同致力于社会主义事业的亲密友党，是参政党。它们参与国家方针、政策、法律、法规的制定执行，通过多种形式、多种途径广泛地参与对国家法律实施的监督，有效地发挥自身的作用。

社会团体的法律监督，主要是指由企业、工会、青年团、妇女联合会、消费者保护协会等组织所进行的法律监督。此外，还有城市居民委员会、农村村民委员会等群众自治组织进行的法律监督。

最高人民法院印发《关于全面加强接受监督工作的若干意见》的通知，明确要求各级人民法院要主动接受人民政协民主监督。进一步建立健全与人民政协以及各民主党派、工商联、无党派人士的联络沟通机制，通过召开座谈会以及开展联合调研、专项考察等多种形式，通报工作，听取意见和建议，共同协商解决有关问题，切实保障人民政协民主监督以及各民主党派、工商联、无党派人士参政议政的权利。

案例 12-4

2023 年 11 月 9 日，河南省信阳市罗山县人民法院为进一步加强代表委员联络工作，增强司法公开透明度，充分发挥代表委员监督作用，邀请部分市县两级人大代表、政协委员旁听一起刑事案件庭审，并召开座谈会。庭审中，法庭调查有序规范进行，充分保障了当事人的诉讼权利。双方当事人围绕争议焦点进行了充分举证、质证和法庭辩论。旁听的代表、委员们全程神情专注，认真观摩，仔细倾听，充分发挥监督作用。审后，罗山法院党组副书记、副院长张军与代表、委员们开展座谈交流，听取代表、委员们对庭审及法院工作的意见建议。会上，大家共同观看了《罗山法院 2022 年度工作》纪实片。座谈过程中，代表、委员们积极评议，一致认为庭审中法官专业素养深厚，驾驭庭审能力娴熟，同时表示公开庭审增加了司法工作的透明度，拓宽了人民群众与法院的联络渠道，实现了代表委员监督和法院工作的良性互动。

分析：近年来，多地法院主动邀请人民政协以及各民主党派、工商联、无党派人士等参与司法案件的庭审，并通过座谈交流等方式听取意见和建议，畅通监督渠道，保障政协民主监督权利有效行使。

三　人民群众监督

人民群众的监督是最直接、最朴素的监督方式，包括对立法、执法、司法活动的监督。《中华人民共和国宪法》第二条规定："人民依照法律规定，通过各种途径和形式，管理国家事务，管理经济和文化事业，管理社会事务。"《中华人民共和国宪法》第二十七条规定："一切国家机关和国家工作人员必须依靠人民的支持，经常保持同人民的密切联系，倾听人民的意见和建议，接受人民的监督，努力为人民服务。"为此，国家专门设立了来访接待站、信访组、监督电话、举报机构等。公民对于任何国家机关和工作人员，有提出批评和建议的权利；对于任何国家机关和工作人员的违法失职行为，有向有关国家机关提出申诉、控告或检举的权利，但是不得捏造或者歪曲事实进行诬告陷害。对于公民的申诉、控告或者检举，有关国家机关必须查清事实，负责处理。任何人不得压制和打击报复。近些年，民众通过电子邮件、博客、微博、微信等方式对国家机关和公职人员行为的合法性进行监督，发挥了积极的作用。

四 社会舆论监督

社会舆论监督事是一种十分广泛的社会监督，是广大人民群众通过发表自己的意愿和看法，对国家各方面工作以及社会法律生活进行监督。特别是自媒体、广播、电视、报刊等新闻媒体的监督，对法律实施更具有十分重要的作用。舆论监督在各种监督中占有特殊地位，它影响最广，时效最快。

在新媒体时代，网络已经成为人民群众表达诉求、参政议政和实施舆论监督的重要渠道，深刻影响着社会舆论的形成机制和传播方式。网络舆论监督作为社会舆论监督的新方式，在政策制定、法律实施及社会治理等各个方面都发挥着越来越重要的作用，也成为广大群众监督司法审判的重要途径。

案例 12-5

2009年5月10日晚8时许，某县所辖的一镇政府3名工作人员在该镇某宾馆消费时，涉嫌对当时在该处做服务员的邓某某进行骚扰挑衅，邓某某用水果刀刺向其中两人，其中一人被刺伤喉部、胸部，经抢救无效死亡。邓某某当即拨打110报警。次日，警方以涉嫌故意杀人罪对邓某某采取强制措施。消息在网络上传开后，网络上出现《烈女邓某某传》《侠女邓某某传》《生女当如邓某某》等赞美之文，舆论几乎呈一边倒——纷纷攻击镇政府的3名工作人员。在为邓某某鸣不平的声势高涨之时，该县当事司法部门取证粗糙、3次案情内容通报前后不一致等行为更激起了民众对公信力的质疑与不满。2009年6月16日，该县人民法院一审判决认为，邓某某在遭受无理纠缠、拉扯推搡、言辞侮辱等不法侵害的情况下，实施的反击行为具有防卫性质，但超过了必要限度，属于防卫过当。被告人邓某某故意伤害致人死亡，其行为已构成故意伤害罪。案发后，邓某某主动向公安机关投案，如实供述罪行，构成自首。经法医鉴定，邓某某为心境障碍（双相），属部分（限定）刑事责任能力人。据此，依法判决对邓某某免予刑事处罚。

分析：公正司法是维护社会公平正义的最后一道防线，司法过程的每一个环节都牵系着人民生活的安定感与幸福感。在该案例中，正是互联网等社会舆论的监督，促使司法机关公正司法，使得邓某某获得公正判决。

本章要点

☆ 广义上的法律监督，是指国家机关、政党组织、社会团体和公民个人等，根据宪法和法律对法治运行的全过程，包括立法、执法和司法等法律活动的程序及其结果是否合法所实施的监督和评价。

☆ 狭义上的法律监督，则是专指有关国家机关依照法定职权和法定程序，对立法、执法和司法活动的合法性进行的监察和督促。

☆ 法律监督的基本原则包括民主原则、法治原则、公开透明原则、依法独立原则、效率原则。

☆ 按照监督主体的不同，法律监督可划分为国家监督和社会监督。

☆ 我国国家权力机关监督职能的发挥主要有立法监督和监督宪法与法律的实施两种方式。

☆ 国家监察机关的监督，是指国家监察机关依法对所有行使公权力的公职人员的工作效能、廉政、违纪、违法、犯罪等进行的全面监督与督查。

☆ 人民检察院是国家法律监督机关，其主要职能就是法律监督。它通过行使检察权，对适用法律的行为进行监督。

☆ 国家审判机关的监督，是指审判机关对法律的适用过程进行的监督，包括对行政机关、检察机关和监察机关的监督。

☆ 社会法律监督，主要包括中国共产党的监督、政协民主监督、人民群众监督和社会舆论监督等形式。

思考与练习

1. 法律监督的基本原则有哪些？

2. 法律监督的意义是什么？

3. 法律监督的分类有哪些？

4. 如何理解社会法律监督？

5. 人民群众参与监督的方式有哪些？

参考文献

[1]亚里士多德. 政治学[M]. 吴寿彭，译. 北京：商务印书馆，2023.

[2]孙国华. 法的形成与运作原理[M]. 北京：法律出版社，2003.

[3]中共马克思恩格斯列宁斯大林著作编译局. 马克思恩格斯选集：第三卷[M]. 北京：人民出版社，2012.

[4]卢梭. 社会契约论[M]. 李平沤，译，北京：商务印书馆，2016.

[5]孟德斯鸠. 论法的精神[M]. 欧启明，译. 北京：译林出版社，2016.

[6]张光杰. 中国法律概论[M]. 上海：复旦大学出版社，2005.

[7]谢增毅. 劳动法的改革与完善[M]. 北京：社会科学文献出版社，2015.

[8]胡志民. 经济法[M]. 上海：上海财经大学出版社，2006.

[9]余少祥. 社会法总论[M]. 北京：社会科学文献出版社，2019.

[10]中国法制出版社. 中华人民共和国社会保险法：案例注释版[M]. 北京：中国法制出版社，2023.

[11]王霞. 劳动与社会保障法：原理与案例[M]. 北京：法律出版社，2020.

[12]邓大松，刘昌平，等. 中国社会保障改革与发展报告2015[M]. 北京：北京大学出版社，2016.

[13]顾功耕，杨勤法. 经济发展新常态下的经济法治战略[M]. 北京：法律出版社，2017.

[14]蒋悟真. 我国社会救助立法理念研究[M]. 北京：北京大学出版社，2015.

[15]邓大松，刘昌平，等. 中国社会保障改革与发展报告2013[M]. 北京：北京大学出版社，2014.

[16]吴艳华，任丽萍. 财政与金融[M]. 北京：清华大学出版社，2010.

[17]秦雷，郑轶，张真真，等. 经济法[M]. 2版. 北京：清华大学出版社，2019.

[18]信春鹰. 中华人民共和国残疾人保障法释义[M]. 北京：法律出版社，2008.

[19]中国法制出版社. 中华人民共和国妇女权益保障法：案例注释版[M]. 北京：中国法制出版社，2023.

[20]付子堂. 法理学初阶[M]. 北京：法律出版社，2021.

[21]汪劲. 环境法学[M]. 北京：北京大学出版社，2018.

[22]马长山. 高职高专法治教育教程[M]. 北京：中国民主法制出版社，2019.